JN117321

図書館
文化
社会・
7

社会的媒体としての
図書・図書館

【編著】
相関図書館学方法論研究会
（吉田右子・川崎良孝）

【著】
金晶

三浦太郎

杉山悦子

松籟社

目次

社会的媒体としての図書・図書館

公立図書館における子どもへの図書館サービスと利用規則
1876-1889 年

川崎　良孝

はじめに

1

筆者は公立図書館における子どもへのサービスを探究する一環として、2019年に「1876年以前のアメリカ公立図書館の全般的状況と図書館利用規則」[1]を発表した。そこでは図書館利用規則が示す図書館利用の年齢制限を探ること、および公立図書館のサービスと力量を示すことが、子どもへのサービスの前提になると考えたからである。同論文の骨子を箇条書きにすると次のようになる。

- 公立図書館を牽引したボストン公立図書館の利用年齢制限をみると、1853年規則では閲覧は市に居住する16歳以上、貸出は市に居住する21歳以上、1868年の時点では閲覧は市に居住する14歳以上、貸出は市に居住する16歳以上となっていた。1873年規則では閲覧は14歳以上のあらゆる人と定めてボストンの住民という制限を撤廃した。そして1875年規則では、閲覧は14歳以上のすべての人、貸出は14歳以上の市の住民となった。
- ボストン公立図書館は1875年まで図書館利用に2つの二重構造を持っていた。すなわち閲覧と貸出における年齢での相違と、貸出における年齢制限と学業習得度という異なる基準の導入である。年齢制限と学業習得度の導入は、公立学校を卒業した人を対象とするというボストン公立図

書館発足時の思想を体現したものであったし、また社会の指導者になる人に世界中の立派な図書を提供するという発足時の思想を体現したものであった。そして利用規則を見る限り、後者に手厚い規定であった。

・1870年頃までの公立図書館は特にマサチューセッツ州に集中していた。1868年のボストン公立図書館長ジャスティン・ウィンザーの調査をもとに全般的な図書館の状況と活動に触れれば、マサチューセッツ州内の拠点となる町でも貸出密度はせいぜい1冊台、登録率は10パーセントに満たず、職員数は2人以下であった。また雑誌や新聞を備える図書館は少なく、図書館はまさに「図書」館であった。図書館の世界が形成されていない時期にあって、職員は各自の経験に基づいて日常業務を行い、積極的にサービスを展開するという思想、資源、時間、力量はなかったと考えざるをえない。

・1868年ウィンザー調査によれば、最も頻繁に利用する年齢層の下限は14歳に山があった。このことは公立図書館がグラマースクールの上級生や卒業生を対象にしていたことを示している。すなわち学校は子どもを対象とする義務的な機関、公立図書館は学校を卒業したという意味での「成人」を対象とする自発的な利用の機関で、両者で公教育システムは完成するとの把握である。1868年のウィンザー調査をみると、こうしたボストン公立図書館の発足時の認識には、マサチューセッツ州内で概して合意があったと判断できる。

・公立図書館は南北戦争後に中西部の方に展開していくのだが、1867年のシンシナティ公立図書館の利用規則は、ボストンの年齢制限を明らかに踏襲し、修正していた。しかし革新的なウィリアム・F.プールが1870年に館長に赴任し、年齢制限を撤廃した。そして1874年にプールがシカゴ公立図書館に移った時、シンシナティでの規則を引き継いだ。すなわちニューイングランドの公立図書館はグラマースクール卒業を基準として貸出資格の年齢制限を設定していたのだが、中西部の図書館はそうした旧来の定めを取り除いたのである。

以上が1876年までの公立図書館の全体像と年齢での利用制限である。

　1876年になると多くの州が公立図書館法を採択し、公立図書館はニューイングランドだけでなくシンシナティ、シカゴなど中西部の方に展開を始めていたし、積極的で有能な館長も生まれてきた。このような時期に、アメリカ独立100年祭に合わせて開かれたのが1876年の図書館員大会である。大会組織委員会は会長にボストン公立図書館長ウィンザー、委員にシカゴ公立図書館長プール、フィラデルフィア図書館会社館長ロイド・スミス、それに事務局長にはアマースト・カレッジ図書館のメルヴィル・デューイという布陣であった。スミスは大会開催地フィラデルフィアを意識しての委員であり、ウィンザー、プール、デューイの主たる関心は公立図書館にあった。

　10月4日から3日間の大会に参加したのは、女性13名を含む103名である。会場を提供したペンシルベニア歴史協会会長ジョン・ウォーレスは、次のような言葉であいさつを締めくくったが、この指摘は的を射ていた。

　　　古い羅針盤の検討は価値がなく、あなたがた自身で新たに検討や考察をしなくてはならない。多くの価値ある結論にただちに達するとは思えないが、集団の強さを発揮することは、……重要である。本大会を契機に、以後も大会が続くと信じる。本大会の意義は、のちの歴史が証明するであろう[2]。

　そして大会最終日には、「全国に図書館への関心を高める目的で、また図書館員をはじめ、図書館や書誌の研究に関心を持つ人が、知識と友好を増し、相互に益する目的で、下記署名者はアメリカ図書館協会を創設する」[3]との決議が満場一致で採択された。初代会長はウィンザー、事務局長はデューイであった。この大会は重要で、以下のような図書館の歴史を形成する動きが生じた。第1に、デューイが大会1週間前に創刊した『アメリカン・ライブラリー・ジャーナル』がアメリカ図書館協会の正式機関誌として認められた。第2に、合衆国教育局は独立100年祭を記念して、『アメリカ合衆国のパブリック・ライブラリー』を完成させ、この大会に持ち込んだ。これは大判の大部な図書で、100年間の図書館の歴史、図書館指導者による多くの専門論文、図書館統計で構成され、記念碑的な業績となった。第3に、チャールズ・カッターの辞書体

目録編成規則が、『アメリカ合衆国のパブリック・ライブラリー』の別巻として刊行された。第4に、この大会でデューイははじめて10進分類法について発表した。第5に、図書館用品店が発足した。

　以上の事績を持つ1876年の意義は、（1）コミュニケーションの成立と（2）標準化や規格化への動きという2点にまとめることができる。（1）にはアメリカ図書館協会の成立、図書館員大会の継続、『（アメリカン）ライブラリー・ジャーナル』の発刊が入る、（2）には辞書体目録規則、10進分類法、図書館用品店が入る。以上の点で、1876年になって初めて図書館界が成立したといえる。個々の図書館は古くから存在したが、各館は孤立していた。公立図書館運動は1876年から開始されたのである。

　本稿はアメリカ図書館協会の成立、図書館員大会の開催、図書館専門雑誌の発刊など、公立図書館運動が発足する1876年を起点に、子どもへの図書館サービスが開始される1890年までを扱う。この時期は子どもへの図書館サービスの前史をなす。子どもへの図書館サービスを考える場合、具体的なサービスとその意味を考察する前提として、開架制の導入と利用年齢制限の大幅な引き下げ（あるいは撤廃）が必要だと思われる。開架制が公立図書館で広まるのは1890年代からであり、本稿が扱う1876年から1890年は依然として閉架制の時代であった[4]。本稿の目的は2つである。まずアメリカ図書館協会の年次大会や図書館関係雑誌に現れた子どもの読書や子どもへのサービスを概観する。次にボストン公立図書館の利用規則を梃子にして、1890年頃までの利用年齢制限を探る。そのことによって、1890年代から開始される子どもへの図書館サービスを考察する前提を据える。

　1章では子どもの読書に関わる主張や論議の開始を扱う。そこでは1876年に合衆国教育局が編纂した『アメリカ合衆国のパブリック・ライブラリー』、1877年にロンドンで開催された国際図書館員大会、さらに公立学校と公立図書館の協力を主張する1876年の提言を取り上げる。本稿は学校や教員を介しての生徒（子ども）へのサービスに重点を置かないので、ここでは合わせて学校や教員との協力によるサービスを概観する。2章ではアメリカ図書館協会を舞台に、1879年から1889年までに展開された子どもの読書と図書館に関する

調査報告や主張を時系列に沿ってまとめる。続く3章では、1876年から1889年までのボストン公立図書館の利用規則を特に年齢や貸出冊数での制限を中心に考察する。4章では開架制と子どもへのサービスに先鞭をつけたロードアイランド州ポータケット公立図書館の実践を垣間見る。最終5章ではボストン公立図書館を梃子に学校卒業者を対象とするという公立図書館発足時の思想について考察する。こうした論述によって、公立図書館における子どもへのサービスが開始され実験される1890年代の直前の状況が解明され、それは子どもへの図書館サービスの前史を構成するとともに、1890年以降も持続していく課題、乗り越えられていく課題などを示すことで、子どもへの図書館サービスの理解に厚みをますことになる。

1 子どもの読書と図書館での年齢制限に関する論議の開始

1.1 ウィリアム・フレッチャー：1876年

　合衆国教育局が1876年に刊行した『アメリカ合衆国のパブリック・ライブラリー』（特別報告）では、ウィリアム・I.フレッチャーが「公立図書館と若者」を執筆した[5]。そこでは「若者の図書館利用」、「年齢制限」、「親による監督」、「図書館と学校」、「子どもの図書の選択」、「すぐれた読書習慣の育成」について論じている。まずフレッチャーは子ども向けの図書が大量に出版されるようになり、若者も競って読んでいるのだが、知的、道徳的な点で読書の質が悪いと述べる。こうした状況にあって公立図書館に期待と懸念が表明されているという。期待とは公立図書館が若者を低質な図書から離れさせること、懸念とは低質な図書の利用を容易にすることである。この点についてフレッチャーは図書館の正しい運営管理が重要になると確認した。

　このような前置きに続いて、最初に取り上げたのが年齢制限である。年齢制限は各館で相違するものの、全体的な傾向を「年齢制限に共通と呼べる慣例はない。しかし大多数の図書館は12歳や14歳といった一定の年齢を設け、それ以下の年齢層は利用できない」[6]とまとめている。最近に設立されたほんの少数の図書館だけが年齢制限を設けておらず、フレッチャーは「年齢制限に関して正しい解決法を採用したと思われる」と述べ、年齢制限の撤廃が公立図書館

の思想とも合致すると記した。これはシカゴやシンシナティなど中西部の公立図書館を意識しての言及に違いない。続いて年齢制限撤廃を主張する理由である。どのコミュニティでも20歳の人が読む名作を10歳で読み、いっそう深く理解する子どもがいる。したがって年齢は精神や能力の判断基準になりえないし、そうした子どもに知識への扉を閉ざすのは社会にとっても損失となる。次に、当時は精神的な早熟は身体の成長を妨げるとの主張があった。フレッチャーはこの主張に根拠はなく、自然に反するとして退ける。そして「子どもが優れた文学という力強い食物を得たいと健康な知的欲求を持ち始めて心を動かされる年齢を、誰が僭越にも設定できるだろうか」[7]と問うたが、明らかにフレッチャー自身の答えは「否」であった。図書館は子どもの知的、道徳的な習慣の形成に教育機関として関与し、できるだけ早期に子どもへの影響力を発揮すべきというのである。

　単なる読書習慣の形成ではなく正しい読書習慣の育成が重要で、フレッチャーは図書選択論に移っていく[8]。学校との協力を重視し、図書館の教育的役割を前面に出すフレッチャーにとって有害な本は論外で、知的、道徳的な本を重視するのは当然であった。公立図書館での年齢制限撤廃の主張は別として、良き読書習慣の早期からの育成の重要性、読書能力を年齢で機械的に区切ることの不合理性については、1880年代以降の議論の前提となった。そうした意味でフレッチャーは年齢制限撤廃の主張と理由について、先駆的な役割を担ったと言える[9]。ただしフレッチャーはコネティカット州ハートフォードにあるワトキンソン図書館の副館長で、同館はニューヨークのアスター図書館と同じ研究型のエンダウド・ライブラリーであり、公立図書館とは無関係であった[10]。フレッチャーは年齢制限撤廃を主張したのだが、それを自館で実践に移す環境にはなかった。

　付言すれば、学術図書館の副館長フレッチャーが公立図書館と若者について執筆したのは疑問とされようが、それには確固たる事実があった。フレッチャーは1866年にボストン・アセニアムを離れ1874年にワトキンソン図書館副館長として着任する間に、マサチューセッツ州のトーントンやローレンス、コネティカット州ウォーターバリーといった工場町で、公立図書館の開設準備の段

階から館長を務めていたのである。そうした点で、「公立図書館と若者」の執筆者としては適任であった。例えばローレンス公立図書館は1872年12月に開館し、1873年の利用規則[11]によると、貸出は14歳以上になっている。またトーントンについては1888年の時点でも15歳以上に限定していた[12]。すなわちフレッチャーは1876年論文で示した自分の考えを、館長であった3つの公立図書館で実践に移してはいなかった。フレッチャーは年齢制限の撤廃を主張していたが、フレッチャー自身が館長の図書館で実践できてはいなかった。

1.2 国際図書館員大会（ロンドン）：1877年

　アメリカ図書館協会の創設が刺激となり、翌1877年10月にはロンドンで国際図書館員大会が開かれ、アメリカ図書館協会の幹部が多数出席して英国の図書館協会が成立した。この大会では、シカゴ公立図書館長プールを議長とした会議で利用年齢制限が取り上げられた[13]。これは広い場で年齢制限が俎上に上った最初である。まずロンドン・インスティチューションのE.B.ニコルソンが大英博物館の利用を21歳以上に制限している点について、不合理で残酷と主張した[14]。不合理というのは何の根拠もないからであり、年齢を用いるなら学校を卒業して実社会に入る18歳の方が合理性があるとした。残酷というのは、人生で大英博物館を最も利用できる年齢層の若者に扉を閉ざしているからである。21歳になると大多数の人は働いており、午後5時や6時に閉まる図書館を利用できない。21歳未満でも十分な理由があれば図書を利用できるとされているが、利用許可を得るのは現実には至難である。この問いに大英博物館の副館長が応じ、18歳以上としていた時期があったものの、1857年の新閲覧室開設からは21歳以上に引き上げたと答えた。その唯一の理由は混雑の解消である。18歳から21歳までの利用者が求める図書を精査し、（1）利用者の多数は特定のカレッジの学生で、（2）授業や試験に関係する図書を利用しているということが明らかになったという。そうした種類の図書はカレッジが備えている（備えるべき）本であり、この年齢層の利用を排除しても問題はないと判断したという。さらに学生の話し声が読書環境を乱すとの苦情が一般読者から出ていることも斟酌したと付言した。サンダーランド公立図書館からの報告で

は、閲覧は14歳、貸出は16歳を年齢の下限としていた[15]。バーミンガム公立図書館のJ.D.マリンズは、図書の利用に年齢制限は好ましくないと述べ、12歳や13歳でも熱心に調べ物をする子どもがおり、そうした子どもの排除は残酷と主張した。同時に小説や犯罪物語などを読むのは論外で、真面目な勉強好きの子どもには常に利用を認め、利用する本に一定の監督を行っていると述べた。そののち大英博物館を公立図書館と同等視すべきではなく、真面目な研究のための施設と把握すべきとの意見が出された。続いて議長のプールがアメリカの状況を次のように報告した[16]。

> アメリカの西部諸州の図書館は閲覧および貸出について年齢制限を設けていない。東部諸州の公立図書館の大多数は16歳という年齢制限を設けている。

東部諸州の「大多数の」図書館が16歳という年齢制限を設けているというのは1868年のウィンザー調査からみても肯定しがたいが、多くの図書館が14歳あたりに利用年齢の下限を設定していたのは事実である。一方、本稿の冒頭で指摘したように西部のシンシナティやシカゴの公立図書館は利用に年齢制限を設けておらず、概してプールの発言は妥当である。さらにプールによると、子どもは親の図書館カードを使用できるので、利用年齢制限に意味はないと話した。そして教会から子どもを排除する理由がないのと同じように、公立図書館からの排除にも理由がないと断言した。プールによれば、読書習慣は10歳から14歳の時期に形成される。こうした子どもは図書館の最善の友ということになる。このプールの発言を受けて、ボストン公立図書館長ウィンザーは、公立図書館は「実質的に」年齢制限なしに十分に管理できることに満足していると述べ、その後は図書の紛失についてボストンの状況を説明している。「実質的に」が何を意味するかは明らかでないものの、少なくとも同館の1875年の閲覧や貸出の規則からはウィンザーの言を肯首することは難しい[17]。

引き続き以下のような意見表明があった[18]。大英博物館は特別な研究図書館なので、カレッジの図書館が備えている図書を利用する学生のために、閲覧室を拡張して席を用意する必要はない。ブリストルなどの公立図書館は若者のために特別の部屋と図書を提供している。子どもの利用は一般の利用者の快適

な利用を妨げ、利用者を図書館から遠ざけるので、ギルドホール図書館は年齢制限を14歳から16歳に引き上げた。若者を受け入れる場合、別途の部屋を設けて監督するのがよい。リヴァプール公立図書館長ピーター・カウエルは、14歳以上は貸出を利用できるが、若者の利用への苦情はないと述べた。参考室に年齢制限はなく、静かで、礼儀正しく、清潔な若者は利用できる。年齢に不適切な図書を求める時は提供を拒否している。ある発言者は、12歳の少年が年長の少年よりも楽しんで本を読み利益を得る場合も多く、また読書習慣は早期に形成されるとの理由で、年齢での利用制限を批判した。続いて利用の是非については図書館長に広範な裁量権を持たすように主張した。

この国際図書館員大会でも、読書能力はさまざまで年齢で画一的に制限する合理性はないということには合意があった。ただし各館の実践は別で、貸出に年齢制限を撤廃しているイギリスの公立図書館は、ほとんどなかったと考えてよい。問題とされたのは年齢制限の撤廃ではなく下限であった。

1.3　公立図書館と学校との連携（概観）

既述のように1876年に合衆国教育局が編纂した『アメリカ合衆国のパブリック・ライブラリー』では、フレッチャーが公立図書館と子どもを扱い、図書館利用の年齢制限の撤廃を主張した。同じ1876年に、チャールズ・F.アダムズ・ジュニアは学校と公立図書館との提携や協力を主張している。この2つの発表は公立図書館での子どもへのサービスを予見するものであった。1つは学校や教員との協力で、これは間接的に子どもにサービスすることになる。いま1つは公立図書館が直接的に子どもへのサービスを行うことである。本稿は後者に関心を示しているので、前者についてはアダムズの考えを紹介し、続いてごく簡単に学校との連携について、歴史的変遷をまとめるに留める。

1.3.1　チャールズ・F.アダムズの主張：1876年

アダムズはマサチューセッツ州クウィンジーの町の教育委員と図書館理事を兼ね、1876年5月にクウィンジーの町の教員を対象に講演を行った[19]。学校と公立図書館との結びつきを強める必要があるとの主張だが、学校の生徒とは

特にハイスクールの生徒およびグラマースクールの上級生を意味する。まずア
ダムズは公教育の大きな目的は、子どもが学校終了後に自己教育ができるよ
うに準備をすることにあると述べた。しかし現実には教科書の暗記が教育の目
的とされる傾向にあり、手段と目的を混同していると非難した。そして「私の
基本的な命題はすべての学校教育の偉大な目的は自己教育できる人の育成にあ
る」[20] と確認した。アダムズによると「自己教育のすぐれた手段は読書を通し
てであり、たくさん読書することによる」[21] ものの、教育システムと図書の提
供は断絶している。学校教育は手段で自己教育が目的だが、それを結びつける
手立て（図書）が用意されていない。そうである限り、学校教育の成果にはみ
るべきものがない。クウィンジーの町では中心通りに学校と公立図書館が隣接
しているものの、両者に結びつきはない。読みを習得した生徒を放置すれば、
刺激に満ちた軽い本だけを読む。図書という大海に方向づけもなく放り出すの
はよくない。アダムズは、「私たちの教育システムは、まさに助力の提供が非
常に重要な地点、機械的な扱いから脱して各個人への扱いに及ぶ地点、教育が
苦痛な骨折り仕事でなくなり楽しみの源になる地点で、停止してしまう」[22] と
強調する。いま1つアダムズが重視したのは、教員のやりがいや使命は、一律
にクラスに教えて進級させることではなく、個人の成長を導くことにあり、と
りわけ自己教育の主たる手立てである図書の大海を案内しなくてはならないと
いうことである。ここで公立図書館との連携が重要になる。また幅広いすぐれ
た読書習慣の育成に際して、子どもの読書を統制することや、子どもに能力以
上の図書を与えることに反対した。生徒が関心を持つのは、フィクション、旅
行、伝記の順なので、楽しめる読書を通しての教育が重要になる。

　アダムズの講演の目的は、生徒個人へのすぐれた読書習慣の育成の必要性
と、そこでの教員の役割、そして公立図書館の活用にあった。アダムズは演説
の末尾で自分の経験を話した[23]。クウィンジー公立図書館の蔵書目録が1年前
に完成したとき、アダムズは特製版の目録を各グラマースクールに送付した。
その意図は教員が授業との関連で目録を使用し、また生徒に目録の利用を勧
めるためであった。そして教育委員アダムズは学校訪問時に目録について問う
た。少数の例外はともかく、目録は校長の机の鍵付きの引き出しに新品のまま

で入っていた。これはアダムズの意図に反していた。アダムズは「本当に賞賛すべき当町の図書館が、現在よりも学校システムの活力ある要素になること、事実として補足的な機関になること」[24] を大いに目にしたいと強調した。

　図書館員は生徒個人を知らないので、各生徒に適切な案内ができるのは教員である。そのために図書館理事会は各学校を実質的に「分館」にできるという新しい規則を採択したと報告した。教員は公立図書館から適切な図書を借り、自分の教卓に置いて生徒に読ませることができる。生徒が求める健全な図書は、教員の求めによって図書館が用意する。また授業に関連した読書リストの作成も可能である。アダムズは演説を次の言葉で締めくくった。このようになれば「学校と図書館は充実した共同作業を開始し、図書館は当然あるべき姿、すなわち学校の自然な補足的機関である『民衆の大学』(People's College) になる」[25]。

　アダムズは健全な読書習慣の育成のため、学校卒業後の自己教育のため、授業を豊かにするために学校と公立図書館との連携を主張した。具体的には教室や学校に一定の蔵書を置いて教員が管理して生徒に提供する、教員と協力して授業関連の読書リストを作成するといったことを主張した。これらは後の実務家（図書館員、教員、教育管理者）が主張し実践する事柄でもあった。そうした点で、アダムズの論考は学校と公立図書館の提携に関する起点となった。

1.3.2　学校と公立図書館との連携：概観

　学校と公立図書館の協力サービスを具体的に開始したのは、マサチューセッツ州ウースター公立図書館のサミュエル・S.グリーン館長で1879年とされる。またプロヴィデンス公立図書館のウィリアム・E.フォスター館長も学校との連携に積極的であった。そして両者は積極的に学校との連携の必要性と自館での実践をアメリカ図書館協会の大会や『ライブラリー・ジャーナル』で発表していく[26]。そしていずれもがアメリカ図書館協会の有力者で、グリーンは1891年に会長になっている。グリーンはウースター公立図書館長を1871年から1909年まで40年間、フォスターはプロヴィデンス公立図書館長を1877年から1930年まで半世紀にわたって務め、両館を図書館界で有名にした。加えて両

者は教育長や教育管理者と連携について具体的に話し合うという力量も保持していた。その結果、子どもへのサービスは学校との協力が先行し主流になっていった。1883年にバッファローで開催されたアメリカ図書館協会年次大会で、マサチューセッツ州ブルックライン公立図書館長メアリー・A.ビーンは2回目[27]の「若者の読書に関する報告」を行った。そこでは「ほとんどすべての報告は多かれ少なかれ学校と図書館の連携という分野に関係しており、……」[28]と記している。この方向に導くのに大きな役割を果たしたのがグリーンとフォスターである。

　グラマースクールやハイスクールに図書室がないという状況にあって、公立図書館は学校へのサービスを推進し、それは20世紀に入っても続く。学校との協力は次第に高まっていくが、本格的にこの分野に乗り出すには個別実践だけでなく、教育界での理解や認識を高める必要があった。それは全米教育協会との連携を意味した。全米教育協会の年次大会で学校と図書館との関係について発表されたのは1887年が最初であろう。そこではプロヴィデンスにある州師範学校の校長が図書館との連携を発表し、具体的にプロヴィデンスやウースターを指摘して報告した[29]。正式な提携が実現したのは1896年で、アメリカ図書館協会会長ジョン・C.デイナは多くの署名を添えて全米教育協会に図書館部会を設けるよう申し入れ[30]、この提言は認められて図書館部会長にデューイが選ばれた[31]。そして1897年6月上旬にミルウォーキーで開かれた全米教育協会の年次大会で、図書館部会の最初の会議が開かれ[32]、以後も継続して研究発表が行われた。さらに図書館と学校との結びつき、および各学年に推薦する図書をまとめる5名の委員会（委員長はデイナ）が構成され、1899年に委員会は『公立図書館と公立学校の関係に関する委員会報告』を刊行したのである[33]。

　一方、公立図書館の現場では学校や教員への働きかけで、学校や教室に蔵書を置いて貸出したり、図書館員が学校を訪問して図書館利用を呼びかけたり、教員に引率された生徒が公立図書館を訪問したりした。また教員に貸出冊数を多くするのは一般的な措置であった。さらに学習課題についての図書リストの作成、補助読書教材の提供、学校や教員と協力しての行事も実施した。学校への図書館サービスは、教育機関としての公立図書館という位置づけを高め、強

化した。

2　アメリカ図書館協会年次大会を舞台にして

2.1　子どもの読書と図書館についての最初の議論：1879年大会

　1879年にボストンで開催されたアメリカ図書館協会年次大会は、大会のテーマとして「図書館におけるフィクションと子どもの読書」[34]を掲げた。この大会は図書館、フィクション、子どもをキーワードに正面から取り上げた最初の大会であるとともに、女性が報告者になった最初の大会でもあった。11名が登壇し、牧師、母親、校長、教授、日曜学校図書館の担当者、児童書の作家、それにクウィンジーの図書館理事アダムズなど、多彩な顔ぶれであった。公立図書館員としては、ブルックラインのビーン、ウースターのグリーン、プロヴィデンスのフォスター、それに開催地ボストンの公立図書館長メレン・チェンバレンがいた[35]。ブルックラインはアメリカ公立図書館で最初に児童室を設けた図書館とされる（1890年）[36]。また既述のようにグリーンとフォスターは学校との結びつきの強力な主張者である。さらにチェンバレンは1880年に学校の補助教材の大量提供を主張し実践する[37]。確かに多様な報告者が登壇したのだが、子どもへのサービスを専任にする図書館員はおらず、いずれも各館の管理者、すなわち館長であった。

　こうした公立図書館長は次のような発表を行った。フォスターは「学校と図書館」との題目で報告し、学校や教員との連携を力説するとともに、連携に必要な条件として相互理解と相互活動を指摘した。フォスターの報告は授業への図書館の支援が中心で、フィクションの読書についてはほとんど触れていない。ビーンの発表題目は「子ども向けフィクションを無制限に提供する悪」で率直な意見を述べている。ビーンは、ある読書好きの立派な教員が学校から50マイル以内に公立図書館がない方がよいと話しているということを開陳した。これは刺激的で扇情的なフィクションを生徒が大量に読むことで、学業の妨げになるとともに、すぐれた読書習慣の形成にも有害ということである。この教員の発言を受けて、ビーンは子どもが図書を選ぶに際しての助力の提供、生徒用の目録の作成などを主張し、貸出冊数や読書冊数よりも質を重視する

こと、図書館員はすぐれた読書習慣の育成に努力すべきことを強調した。グリーンの論題は「公立図書館における扇情的なフィクション」で、すぐれた小説の読書は耽溺しなければ利益があるとした。図書館に不道徳な本を置く図書館員はいない。ダイム小説は不道徳ではないが、暴力的で扇情的との理由で拒否する図書館員がいる。こうしたダイム小説について、グリーンは2つの利点を指摘した。いっそう低質のフィクションに向かうことを食い止めるという理由と、無為に過ごしたり悪に染まったりするよりも有益で、読書の質が向上する可能性もあるとの理由である。とはいえグリーンにしても、公立図書館が子どもに扇情的なフィクションを無条件に提供することには賛成しなかった。そして中央館にはその種の本をほとんど備えず、工場や労働者が多く住む地域に「分館」を設けて、そこに置くのがよいと提言した。ここでいう「分館」とは停本所や巡回文庫で、店や工場が蔵書を管理し定期的に図書を入れ替えるというものである。さらにグリーンはこの考えを拡大し、リンやローレンスといったマサチューセッツ州の工場町ではダイム小説などを重視し、ボストンの中産階級の住宅地などではそうした図書を置く必要はないと述べた。これは労働者階級と中産階級を明確に意識した発言で、当時の図書館管理者の考えを表明していた。なおボストン公立図書館長チェンバレンは、扇情的なフィクションを抑制すべきと考えている。そしてチェンバレンは具体的な対策ではなく、全般的な考えを示した。すなわち、図書館と学校と親との協力が必要で、そうした地道な努力を通じて、読書習慣の向上が社会全体に波及していくと話したのである。

　実はこの大会での議論は、子どもを直接的に対象とする公立図書館サービスの実態がない場で行われた。この大会に登壇した有力者のフォスター、グリーン、チェンバレンは、1870年代末から学校や教員を介して間接的に子どもへのサービスに向かうのである。このような時期に行われた議論ではあるが、子どもへのサービスの重要性については合意があった。すなわち良き読書習慣は性格の形成に不可欠で、公立図書館の目的はそうした子どもが良き市民になるのを助けることにあるとの合意である。それは単に図書館員だけでなく、教育関係者、教会関係者、大学関係者、図書館理事なども含めた合意であった。そ

して親、学校、図書館がそうした目的に沿って協力、尽力する必要性についても合意があった。特に図書館については良書の読書リスト作成が強調された。具体的な図書の選択については、良書の提供と不道徳な図書の排除には合意があった。しかし不道徳ではないものの、扇情的で刺激的なフィクション（例えばダイム小説やオリヴァー・オプティック[38]の本）については意見の相違があった。ダイム小説などに一定の理解を示す論者は、読書習慣をつけることで読書内容が向上していく可能性がある、少なくとも無為や路上徘徊と比べて有益であると考えていた。一方、そうした図書の排除を主張する人は、ひとたびこの種の本に耽溺して読書習慣が形成されると、矯正されることはないと考えていた。さらに既述のグリーンの主張にあるように、扇情的で刺激的な子ども向けのフィクションは階級とも関係していた。こうしたグリーンの主張に反論したのは図書館員ではなかった。牧師で児童書の作家トマス・W.ヒギンソンが、階級と子ども向けフィクションの読書を結びつける主張に強力に反対し、「結局、子どもは子どもである」[39]と断言している。

　11名の発表者の中で、母親として登壇したのがケイト・G.ウェルズ[40]で、読書に責任を負うのは親なのか、教員なのか、学校なのかと問題提起をした後、親だけが子どもの読書に責任を負うと断言した。そして17歳、18歳になるまで子どもの読書には案内が欠かせないが、大多数の親はこうした責任や案内を担うにたる教育を受けていないのである。公立図書館には子どもの読書に限定的な役割を期待し、公立図書館員には子どものフィクションや小説の利用を抑制し、とりわけ解題付きの読書リストや目録を作成して広く頒布することを期待した。と同時に年齢制限に触れ、「子どもの大多数は14歳で学校を離れるが、それ以前に図書館の利用を認められる場合はほとんどない」[41]と報告している。後述するように、確かに1879年当時のボストン公立図書館は閲覧と貸出を14歳以上に定め、マサチューセッツ州内の多くの図書館はボストンに追随していた。しかしウェルズは年齢制限の引き下げを訴えることはなかった。

2.2　子どもの読書に関する年次調査報告：1882年

　子どもの読書と図書館について重要なのは1882年である。子どもへのサービスで有名になるキャロライン・M.ヒューインズがアメリカ図書館協会の大会で「少年少女の読書に関する年次報告」[42]を行った。この年次報告は1898年まで断続的に続き、実態調査に基づく報告を積み重ねることで、子どもへの図書館サービスの現状と方向を浮き彫りにし、子どもの読書への関心を図書館界に喚起した。1880年代には1882年、1883年、1885年、1889年に報告がされ[43]、初期の報告ほど学校や教員を介して生徒にサービスをするという実践報告が多かった。

　ヒューインズの1882年の発表は実態調査報告で、ヒューインズは主たる図書館25館に「少年少女の良き読書を推進するために、貴館はどのような取り組みを行っていますか」[44]との質問をした。そこにはニューヨーク無料貸出図書館、ニューヨーク徒弟図書館、コネティカット州教育局、学校などが入っており、公立図書館からの回答は16館であった。クウィンジー公立図書館は、教員が適切な本を借り出して生徒に利用させたり、生徒向けの読書リストを作成して教員を介して生徒に利用させたりしていた。ウースターは学校との協力で少年少女の読書の質が上がり、また良書のリストを館長の部屋に置いて教員や生徒が使っていると回答した。ブルックラインは学校向けに簡略図書リストを作成し、生徒や家庭が使っていたが、多くの教員は授業を越える読書案内を義務とは思っていないと把握していた。プロヴィデンスは教員との協力、若者のための解題付き図書リストの作成などによって、学校と図書館の相互理解や相互協力は進んでいるとした。

　こうした少年少女への取り組みを先導する公立図書館に加えて、シンシナティは学校との協力に関心を持ち、目録を作成して教員に渡していた。シカゴは校長と会い、生徒の読書の統制と読書案内の必要性を話したという。マサチューセッツ州ニュートン公立図書館は、子ども用の目録を作成して公立学校の生徒に渡したが活用されていないと返答した。一方、1,100の件名標目を持つカード目録は授業との関連で大いに利用されているのである。地元新聞には毎週新着図書を紹介し、そこに子ども向けの図書も含めていた。コネティカット州

ミドルタウンは、教員には授業に用いる図書の貸出冊数を多くしていた。また屑本を提供せず興味ある良書を提供すれば、少年少女の読書は向上すると考えていた。ヴァーモント州のバーリントン公立図書館は、年少の子どもは図書館から借り出せないので、教員が無償の図書館補助員として図書を借り出し生徒に利用させていると報告した。不道徳な本、ダイム小説、オリヴァー・オプティックなどの本は排除したという。マサチューセッツ州のトーントン公立図書館は目録の余白に若者に適していると印をすることでフィクションへの注目をそらすとともに、親や教員は若者に適切な図書を案内できるのである。この館も不道徳な本や扇情的な本を排除していた。その他、マサチューセッツ州のスプリングフィールドは少年少女のための最善書の手書きリストを作成し、教員の助力を得て、少年少女が注目するように仕向けていた。コネティカット州のウォーターバリー公立図書館は、少年少女の読書の向上に親や教員は協力できるのだが、親に期待しても無駄であると考えていた。また多くの本を読んでいる子どもほど、学業成績は悪いと述べた。この報告者は教育関係者で、教員に読書指導を期待し、教員のあり方について回答した[45]。

このように学校や教員との提携や協力を報告する図書館が圧倒的に多かったが、回答で学校や教員に触れない館も少数だが存在した。まずボストン公立図書館はローアー・ホールの責任者が回答し、ローアー・ホールでは少年少女の読書に注意を払い、読書向上のための助言や手助けを各個人に行っていると回答した。オハイオ州のトレド公立図書館は、子どもが好む本を案内していると報告し、「図書館員は子どもが好きでなくてはならない」と結んだ。最後にロードアイランド州のポータケット公立図書館は、少年少女の関心や能力に合致した本を提供し、その後に読書内容の向上を目指していた。そして積極的に図書館員に助力を求めるよう少年少女に働きかけているとした。

こうした回答をヒューインズは7点にまとめており、例えば以下である[46]。親は子どもの読書に大して関心を持っていない。最善書を読んだり、授業との関連で図書館で調べたり、授業外の読書案内を行ったりしている教員は少ない。ハイスクール、師範学校、カレッジは、教科書や低質の小説を越えた知識を持つ卒業生を送り出していない。学校と図書館の結びつきは強まっている。

「図書館員と子どもとの直接的な個人的接触」が子どもに影響を与える最も確実な方法で、「図書館員は子どもが好きでなくてはならない」。このようにヒューインズはまとめたのだが、「図書館員と子どもとの直接的な個人的接触」をするために、子どもへの直接的なサービスを明確に意識している図書館は、ほとんどなかった。

　それに年齢による利用制限に言及した回答もなかった。もっとも、この調査には1876年の『アメリカ合衆国のパブリック・ライブラリー』で年齢制限の撤廃を主張したフレッチャーも回答していた。フレッチャーは自館ワトキンソン図書館の実践について回答したのではなく、自分の考えを回答したが、それは1876年当時の主張と同一であった[47]。すなわち図書館利用を14歳や16歳以上と定めているが、14歳になると屑本の読書習慣が定着し、いっそう高い方向に向く能力はほとんど残っていないというのである。屑本に目を向ける以前に良き読書習慣を育成しなくてはならず、図書館は年齢制限を撤廃しなくてはならないという考えである。

2.3　子どもの読書に関する年次調査報告：1883年

　翌1883年にバッファローで開催されたアメリカ図書館協会年次大会ではブルックライン公立図書館長ビーンが調査結果を報告した[48]。回答は前年と同じ25館である。ビーンが「子どもの読書の問題は学校と図書館の連携と非常に密接に結びついているので、以下の事例からの抜粋が示すように、ほとんどすべての報告は、多かれ少なかれ学校と図書館の連携という分野に関係しており、……」[49]と記すように、多くの回答は学校や教員との連携について答えていた。以下では学校や教員との連携を除いて、いくつかの回答を紹介する。

　マサチューセッツ州のケンブリッジ公立図書館は、不道徳な本は備えず、最善書や有益な図書への案内を行っていると記した後、次のように回答した[50]。子どもの精神的健康に無関心な親の子どもは本を読みすぎる。毎日、図書を返却して借りる子どもがいる。14歳以上でないと図書館カードを発行しないが、この規則は子どもが親のカードを用いるので機能していない。そこで館長は少年少女向きの図書の貸出を水曜日と土曜日に限定しようとしたが、図書館理

事会が拒否した。館長は子どもとの直接的な接触と良書への案内を重視したものの、仕事が忙しくそうした対応は現実には不可能である。マサチューセッツ州のランカスター公立図書館は、ダイム小説やオリヴァー・オプティックを購入せず、子どもとの直接的な接触を重視し、良書を提供していた。そして各個人に注目してきたので、各人の読書の向上を確認できると報じた[51]。マサチューセッツ州のリン公立図書館は14歳以上に貸出を限定し、さらに学校の生徒には1週間1冊の貸出に制限していた。これは不適切な図書を選ぶのを点検し、また短期間に多くの本を表面的に読むのを防ぐためであった[52]。マサチューセッツ州のウェイクフィールド公立図書館は、読書習慣は若い時期に形成され生涯にわたって持続すると認識していた。そしてフィクションも含めて各人に適した本を提供し、読書の向上を目指していると回答した。同州のサマーヴィル公立図書館は、少年が興味を示す冒険物語などを多く提供していた。子どもの利用者は多く、規則では14歳以上が閲覧室を利用できるとなっていたが、この図書館には閲覧室はなく、子どもはテーブルで読書していた。マサチューセッツ州のコンコード公立図書館は、子どもへの助力提供は図書館員個人の問題とし、図書館としては何らの措置も講じてはいなかった。

　こうした回答を受けてビーンは次のようにまとめている[53]。子どもはダイム小説や扇情的な本を大量に読んでおり、図書の選択、図書の案内が重要になる。学校と公立図書館の提携は有効で、子どもは自分が好きで尊敬する人の影響を受けやすい。概して子どもの読書について親に責任感の認識がなく、教員も生徒の読書に取り組む必要性を感じていない。親や教員への取り組みを強める必要がある。そして確認すべきは、子どもと述べても、概して14歳未満は図書館の利用対象者ではなかったということである。

2.4　子どもの読書に関する年次調査報告：1885年

　1885年にニューヨーク州レイクジョージで開かれたアメリカ図書館協会年次大会では、マサチューセッツ州のニュートン公立図書館のハナ・P.ジェイムズが報告した[54]。これまでの2つの調査報告と異なり、4,000冊以上を有する公立図書館125館に質問状を送り、75館から回答を得ていた。調査項目は、図

書館と学校との連携に関する情報、若者が借り出す図書に影響を与える方策、それに若者向けの図書リストを用意しているか否かの3点であった[55]。要するに学校との協力、図書選択、さらに概して図書館、学校、教員に合意があった授業関係あるいは一般的な読書を助けるための図書目録や図書リストの有無を問うたのである。前置きでは図書館側の熱意や実践を喜ぶとともに、提携が成功していない主たる理由として、学校や教員の無関心や熱意不足を指摘した。

　報告の本体は、まず州のアルファベット順、次に州内では市町名のアルファベット順に回答を並べた。そうした回答を受けて、ジェイムズは学校や教員との協力について取り組むべき事柄を以下の10点にまとめている[56]。(1) 図書館員は教員と個人的に話し合い相互協力を確認する、(2) 授業との関連で教員が適切な冊数の図書を借り出せるようにする、(3) 教員に図書館の登録申込書を渡し、希望する生徒に配布する、(4) 教員は授業内容を図書館員に知らせ、図書館員は図書リストを作成する、(5) 図書リストは印刷して生徒に配布し、図書館や学校で掲示する、(6) 少年少女向けの一般的で魅力的な図書リストを図書館に掲示し、新聞にも掲載する、(7) 健全な本を貧しい階級の学校に送る、(8) 講演コースの関連図書リストを新聞に掲載する、(9) 親が許可すれば若者の読書を監督する、(10) 可能なら学校の生徒への貸出冊数を1週間に1冊か2冊に限定する。

　ジェイムズの発表は学校や教員との連携を非常に重視した調査報告であった。逆に推察すれば、学校との協力にみられるような具体的な事柄や施策を指摘できるサービスを、公立図書館は直接的に子どもを対象に展開していなかったということである。この調査で公立図書館の年齢制限に関わる回答を抜き出すと次のようになる。マサチューセッツ州のリン公立図書館は14歳以上に貸出を限定し、学校の生徒には1週間1冊の貸出に限定していた。これは小説の読書を削減するためである。なお新しい目録では若者の部門を設けると予告した[57]。同州のミルトン公立図書館はハイスクールからプライマリースクールまでの生徒が自由に利用できた。同州のクリントン公立図書館は10歳から12歳の子どもにも図書館利用を認めていた[58]。さらにプロヴィデンスはすべての公私立学校の生徒に図書館を利用できるようにした。ロードアイランド州のポー

タケット公立図書館は、5歳から14歳の子どもを対象にテーブルを用意し、絵本、雑誌、新聞も置いていた。それは早期から本に親しみ読書習慣をつけるためである[59]。ニューイングランドの場合、この時期になっても14歳や12歳の図書館利用年齢の下限を設定しているのが通例であり、5歳というのは注目に値する。さらにポータケットは開架制を採用し、その先駆者でもあった。

2.5 子どもの読書に関する年次調査報告：1889年

　続く第4回目の調査報告は1889年にセントルイスで開催されたアメリカ図書館協会年次大会で、マサチューセッツ州ローウェルのミドルセックス職工図書館のメアリー・サージェントが調査報告を行った[60]。サージェントは調査結果から次のような結論を引き出している[61]。まず学校との関連では以下のようにまとめた。図書館員や教員は若者への関心を高めている（49館のうち26館が公立学校との協力関係を維持している）が、資金提供者に重要性を訴える必要がある。教員への働きかけが必要で、図書館との協力によって教員の仕事が軽減され楽しくなることを示す必要がある。学校との関連はこれまでの主張とたいして変わらないが、公立図書館自体の直接的なサービスについて以下のようにまとめている。

- ・非常に若い人へのサービスを開始するのが重要との認識が出現している。読みができない子どもにも、絵本、心地よい部屋、気さくな対応は教育的効果がある。
- ・対個人サービスの影響が非常に重視され、時どき子どもへの図書館サービスを担当する特別な人物を任命すべきとの提言がされている。
- ・目的のない読書から有用な読書に向かう取り組みがされているが、良き小説の読書の利点を見過ごすべきでない。
- ・この分野の職員は「1つ1つの良き習慣が悪い性向を矯正する」との考えから励ましを得るべきである。

　この調査報告で初めて公立図書館での児童室と児童図書館員の必要性に言及され、そうした回答をみると次のようになる。マサチューセッツ州リン公立図書館は、適切な図書選択や対個人サービスに加えて、子どもへのサービスに適

した職員と児童室が必要であると回答した[62]。さらに一般閲覧室を若者が利用して混雑し、サービスが行き届かないと報じた。サージェントの調査は範囲が広く、会員制図書館やイギリスの図書館にも回答を依頼していた。イギリスのノッティンガム公立図書館は児童貸出図書館（児童室）について回答した[63]。ニューヨーク市の児童図書館協会の回答では、この団体は「パブリック・ライブラリーの年齢制限で利用できない年齢の子どもを対象に、健全な読書欲を育成するために創設され」、当然ながら児童閲覧室と子どもに関心を持つ職員を擁していた[64]。なお当時のニューヨーク市に公立図書館はないので、このパブリック・ライブラリーはニューヨーク無料貸出図書館などを指している。サージェントは児童室と児童図書館員を指摘したのだが、公立図書館でそれらの必要性を訴えたのはリンだけであった。

　参考までにリン公立図書館の1889年の状況を示した第27年報をみると、館長ジョン・C.ホートンは14歳という年齢制限を疑問視している[65]。1つはグラマースクールの上級生、時にはハイスクールにも14歳未満の生徒がおり、そうした生徒にも図書館利用を許すべきではないかということである。いま1つは、多くの若い人びとが親のカードを用いて本を借り出しており、当人自身にカードを持たせてはならないという理由が存在しないということであった。翌1890年の状況をまとめた第28年報は、生徒と図書館の関係に触れ、学校や教員を通してのサービスをしているが、館内に1つの部屋を設けて、成人よりも規則を緩め、閲覧室を用意する必要があると主張した。さらに教員が生徒と共に来館して、参考図書などを利用して授業に使える部屋の必要性も記したのである[66]。ただしこの時期の年報をみると、一貫して建物の狭隘さと新館の必要性を訴えている。新館が現実になったのは10年を経過した1900年で、新館の開館に際して職員が増員され、リンの学校教員であったガートルード・エメリーが職員一覧に入っている[67]。そして1903年の第41年報の館長報告では次のように書き込まれた。

　　　児童室の利用は増大し、時には満室になり、人気と有用性の高まりは証明済みである。リンの公立学教員であったガートルード・エメリーが児童室の発足当初から担当し、この人選は非常に恵まれていた。この部屋

には精選された良き状態の1,348冊の児童書や参考図書があり、すぐれた
監督の下、子どもは成人と同じように本を丁寧に扱っている[68]。

　館長ホートンは1890年頃から児童と児童室の重要性を理解していたが、そ
れを実現するには、結局、建物が狭いこともあって新館を待たねばならなかっ
た。たとえ一定のスペースの余裕がある館であっても、閉架制から開架制への
変換、児童用図書の分類と目録の整備など、かなりの改革が必要であった。そ
してリンが児童サービスをするに際して雇用したのは、児童図書館員ではなく
教員であった。

　1880年代の継続的な調査報告を通覧すると次のことが理解できる。まず学
校や教員を通じての生徒へのサービスが中心であったが、次第に公立図書館に
よる直接的なサービスが回答されるようになってきた。これは学校や教員を通
じてのサービスからの撤退を意味しない。むしろ学校や教員へのサービスは
1890年代からいっそう強力に展開される。また公立図書館による子どもへの
直接的な対個人サービスが次第に重視されるが、子どもへの的をしぼったサー
ビスは何ら展開されていない。少なくとも1889年の時点で、児童室や児童図
書館員を配置している公立図書館は皆無であったし、依然として閉架制であっ
た。すなわち年齢制限と閉架制によって、年少の子どもへのサービスを発足さ
せ展開させる前提を欠いていた。少なくとも主流となる大都市公立図書館では
そうであった。大規模公立図書館で開架制が導入されたのは1890年のクリー
ヴランド公立図書館であり、1900年になると開架制は共通認識になっていた。
一方、年齢制限については早くも1870年代にシンシナティやシカゴといった
中西部の図書館が制限を撤廃していたが、ニューイングランドでは公立図書館
は公立学校を終えた人を対象とするというボストン公立図書館発足時の思想が
強く、年齢制限は根強く残っていた。既述のポータケット公立図書館は例外で
ある。

　1876年から1889年の間に、公立図書館の利用規則はどのように変化したの
であろうか。次第に年齢制限が低下するのは容易に推測できるが、次章ではボ
ストン公立図書館の利用規則の変遷をみておく。

3 ボストン公立図書館の利用規則：1880 年代

3.1 ボストン公立図書館の利用規則：1879年、1883年

　ボストン公立図書館の 1873 年規則では、閲覧は 14 歳以上のあらゆる人、貸出は市に居住する 16 歳以上であった。そして 1875 年規則では、閲覧は 14 歳以上のすべての人、貸出は 14 歳以上の市の住民となった。また 1873 年利用規則で貸出冊数制限を 2 冊に増加させた。すなわち中央館のカード保持者は中央館のベイツ・ホールとローアー・ホールから各々 1 冊の計 2 冊、分館カードの保持者は分館とベイツ・ホールから各々 1 冊の計 2 冊、あるいはベイツ・ホールとローアー・ホールから各々 1 冊の計 2 冊である。貸出冊数 2 冊というのは先駆的であったが、そこにはフィクションの利用抑制とノンフィクションの利用促進が意図されていた。すなわちフィクションや通俗的な図書を中心とする分館やローアー・ホールから 2 冊を借り出すことは不可能で、少なくとも 1 冊は学術部門とでもいうべきベイツ・ホールから借りる必要があった。さらに未成年者の図書貸出には図書館が裁量権を有するとの定めは、1853 年規則から一貫していた。すなわち未成年者に不適な図書の利用を拒否できるということである。

　ボストン公立図書館は 1879 年に規則を修正するが、その規則は 1880 年代末まで基本的に踏襲される[69]。1879 年規則によると、閲覧は居住地を問わず 14 歳以上が可能である。貸出はボストン市に居住する 14 歳以上が原則である。貸出冊数については、ローアー・ホールおよびベイツ・ホールから各々 1 冊ずつ計 2 冊、あるいは分館のカード保持者は、分館で 1 冊および中央館ベイツ・ホールで 1 冊の計 2 冊、そして分館で借りていない場合は、中央館の両ホールから各々 1 冊ずつ計 2 冊である[70]。以上は 1875 年規則と同じである。ただし貸出冊数については新たな措置を講じ、セット物では通常よりも多くの冊数を貸出す場合があり、その判断は担当職員によるとした。さらに「教科書類は提供しない」は 1875 年規則と同じであるが、従来と相違して借りた本の更新は認めないという定めになった。また「刊行 1 年以内のフィクションと児童書の貸出は 1 週間」と定めた。延滞料は 1 日 2 セントと変わらないが、新たに通知のはがきを送付する毎に 2 セントと定めている。以上がボストン公立図書館の 1879 年

利用規則で、1883年の規則は1879年規則と変わるところはない[71)]。

3.2　アメリカ図書館協会年次大会での調査報告とボストン公立図書館：1882年から1889年

　前節で示した継続的な調査報告におけるボストン公立図書館の回答をたどると以下のようになる。ただし学校との協力の部分は大多数を省略する。まず1882年のヒューインズ調査ではローアー・ホール担当のメアリー・J.ジェンキンズが回答した。そこでは学校の生徒や店や事務所に勤める子どもの利用者に触れ、「店や事務所に勤める子どもは賢明で明るく活動的で、同じ年齢のいっそう恵まれた子ども［学校の生徒］よりも熱心な場合が多く」[72)]、特別に気にかける必要があると回答した。基本的には対個人サービスを強調し、各人の興味に合う図書（オプティックやアルジャーを含む）も必要に応じて提供し、助言を与えつつ、いっそうすぐれたフィクション、それに歴史、伝記、地理、基礎的な科学書に導くということで、そこでは教員の助力や簡略な図書リストが役立つと述べている。こうした読書についての段階的な向上論は図書館員が抱く典型的な考えで、以後も継続する。

　翌1883年のビーン調査でもジェンキンズが回答し、やはり対個人サービスを強調した。子どもに向けて図書館員に助力を求めるように奨励し、助力を求める子どもには多様な読書リストを渡し、さらに主題を限定したリストも作成している。学校や教員との協力、教室に図書を置いて生徒への貸出を行っている。そしてジェンキンズは、「教員と図書館員との協力が子どもに最善の助けとなる。図書館員は図書の提供と推薦ができるし、子どもがそれらを手にするようにできる。しかし教員は各自の役割を果たし、読み方と読書の利点を教えなくてはならない」[73)]と総括した。

　1885年のジェイズム調査でもジェンキンズが回答した[74)]。子ども用の手書き図書リストを作成して目立つ場所に置いたりしていたが、基本的には対個人サービスを重視していた。特に授業との関連で図書館を利用するグラマースクール上級生へのサービスに力を入れていると報じた。学校が必要とする補助教材資料の提供について説明したが、これは1880年に図書館長チェンバレンが

提言し実施したものである。また学年は年齢ではなく学業習得度によって編成されているので[75]、ジェンキンズによれば最上級クラスの生徒の中に若いために図書館カードを持てない生徒がいたということであった。そのため同じクラスの生徒が得ている便宜を獲得できないでいた。そこで図書館理事会は次のような措置をとった。

　　　そうした生徒に「生徒カード」を発行し、生徒は授業と結びつく図書を
　　　利用できるものの、物語の利用は認められない。「生徒カード」の適正な
　　　使用を確保するために、カードは図書館が管理し、生徒は図書の利用に
　　　際して、「生徒カード」を利用すると職員に伝える[76]。

　1889年のサージェント調査では上述の「生徒カード」が成功していると報告した[77]。また貸出や閲覧は規則上は14歳以上であると確認した後、「幼少の子どもの利用も歓迎しており、図書館カードを獲得できる年齢よりもはるか以前に、絵本や子ども用の定期刊行物を利用している」と記していた[78]。しかし少なくとも利用規則をたどる限り、「幼少の子ども」は貸出を利用できないし、分館も含めてボストン公立図書館は閉架制であった。「幼少の子どもの利用」は運用上の配慮と推察せざるを得ないし、「幼少の子ども」が実際に利用できる資料をどの程度に揃えていたか疑問である。確認すれば、ボストンだけでなく1889年当時の公立図書館、とりわけ大都市公立図書館は閉架制であった。またボストンも含めて、子どもや生徒へのサービスと述べても、上述のジェイムズの報告にあるように、主としてグラマースクールの上級生を対象にしていた。

4　ポータケット公立図書館とミネルヴァ・A. サンダース

4.1　アメリカ図書館協会を中心として

　これまでの考察で理解できるように、概して公立図書館は子どもへの直接的なサービスに消極的で、対個人サービスを重視していると主張する館にあっても、子どもを意識した特定のサービスを展開していなかった。児童室や児童コーナーもなく、成人と同じ場所で成人と同じように扱っていた。せいぜい子どもを対象とする図書リストを作成する程度であった。ただし子どもが手にする

本への関心は高く、それは良き読書習慣の育成、無為な読書や悪行の防止と結びついていた。また図書館は閉架制を維持していた。

　こうした状況にあって、子どもへの直接的なサービスに一石を投じたのが、ロードアイランド州ポータケットの公立図書館長ミネルヴァ・A.サンダースである。ヒューインズの1882年調査にサンダースは次のように回答した[79]。少年少女の関心や能力に合致した本を提供し、その後に読書内容の向上を目指している。そして積極的に助力を求めるよう少年少女に働きかけ、少年少女はそれに応じている。サンダースはオリヴァー・オプティックを認めなかったが、アルジャー[80]物は認め、少年の読書が向上していると報じた。

　サンダースは読書内容に厳しかった。以下の報告は『プロヴィデンス・ジャーナル』の記事の転載で、1885年5月号の『ライブラリー・ジャーナル』に掲載された[81]。それによると少年が図書館では許されていないダイム小説の類を大判の本の中に挟んで隠して読み、図書館員や図書館理事がダイム小説の悪影響について注意をしても効き目がなかったという。そのため1人の理事が一計を案じ、この種の小説を読んだ人物が犯罪に至った記事を集めてスクラップブックにした。そしてダイム小説を隠して読んでいる少年にスクラップブックをみせると、少年は熱心に記事を読み、すぐれた本の読書に移ったという。

　ビーンの1883年報告にポータケットは取り上げられていないが、ジェイムズの1885年報告でサンダースは自館の様子を報告した[82]。サンダースは学校や教員との連携および自館での直接的なサービスに触れているが、後者について次のように説明した。早期から本に親しみ読書習慣をつけるために5歳から14歳の子どもを対象に4つのテーブルを用意し、絵本、雑誌、新聞も置いている。身だしなみの清潔さや秩序の維持が最低限に必要である。70人の子どもがテーブルを利用できるが満席の場合も多い。静かで成人に迷惑をかけることもない。少数の子どもは自分が持ち込んだダイム小説を図書館の本に隠して読んでいる。これは図書館利用という特権の濫用で、ダイム小説が引き金になった犯罪記事のスクラップブックを見せると、子どもはダイム小説を放り出してすぐれた本に向かう。ポータケットは一時的な気晴らしの要求に応じるよりも、いっそう大きな使命を抱いている。サンダースは次の言で締めくくった。

図書館の目的は、「立派な大望を促進し、性格を強めて純化し、コミュニティに思慮深い男女を育成するような、読書や探求への好みを育成、発達、満足させることである。そのために私たちは子どもから開始しなくてはならない」。

　1887年の8月末にニューヨーク州のサウザンド・アイランズでアメリカ図書館協会年次大会が開催された。サンダースは公立図書館での開架制について実践を携えて重厚な報告「製造業の町における公立図書館の可能性」[83] を行った。そこでは躍進する製造業の町としてポータケットを把握し、とりわけ労働者やその子弟を視野に入れた図書館サービスを報告した。同館は1876年の開館当初から開架制を採用し、10年間の実務に依拠する報告である[84]。まず開架制については他の閉架制の図書館と図書紛失に相違がないと主張したが、これは労働者への信頼を示していた。当時の大都市公立図書館長は概して労働者と図書の紛失や書架の乱れを結びつけており、その点でサンダースの主張は異なる。そしてサンダースはポータケットの開架制は文句なく成功していると念を押した。

　サンダースは子どもへのサービスを強調し、「いっそう大きな可能性は将来の親でありコミュニティの保護者である子ども」へのサービスにあると述べた[85]。そして図書館を明確に教育機関と位置づけ、図書館業務は「教育、向上、高揚にあり、無限の可能性を有する」と期待を表明した。続いて次のように問題を提起する。「私たちが子どもに正しい生活、精神的成長、隣人愛といった基本原則を教えるのに、どうして子どもが14歳になるまで待たなくてはならないのか」[86]。これは公立図書館が設けている年齢制限への非難で、サンダースによれば子どもへのサービスは最も社会に貢献し、また見返りが大きいサービスである。子どもへのサービスについては、閲覧室で子どもの利用を奨励している館（ブロックトン, MA）、出納室に2つのテーブルを用意して『セント・ニコラス』といった子ども用の雑誌を置いている館（ウォルサム, MA）、子ども用の雑誌を備えている館（ローウェル, MA）、利用年齢制限を撤廃している館（サマーヴィル, MA）があると紹介した。しかしサンダースが訪問した図書館を全体的にまとめると、「子どもと犬は入館禁止」[87] というのが大勢であったという。ポータケットの実践は、開架制の採用と子どもへの直接的なサービ

スという2つの点で重要であった。発表後の質疑応答は開架制の是非に集中し、開架制を支持する意見はなかった。それに子どもへのサービスと年齢制限について論議されることもなかった[88]。

1889年1/2月号の『ライブラリー・ジャーナル』は興味ある記事を転載した。ロードアイランド州でシドニー・S.ライダーは情報誌『ブック・ノーツ』を発行していたが、そこでの記事が『ライブラリー・ジャーナル』に転載された[89]。ライダーはポータケット公立図書館を訪問し、館内の模様を驚きをもって報告した。明るい大きな部屋には良質の新聞や雑誌を置いた机がある。片側には少年用の閲覧机とその奥に男性用の閲覧机、反対側には少女用の閲覧机とその奥に女性用の閲覧机がある。少年用の机には12から15の椅子があり、50人ほどの少年が本を読んでいたという。性別を問わず多くの成人や子どもに利用されている。閲覧部分の奥には蔵書1万冊のアルコーヴがあり、利用者は自由に書架に向かい、本を取り出している。驚いたライダーは開架の理由を問うと、館長は「重大といえる書架の乱れはなく、盗本や切除もほとんどない」と答えた。ライダーは5分間、少年が借りる本を見ていた。『センチュリー』の製本済雑誌を借りる少年、ヘンリー・N.スタンリーの『暗黒の大陸』(1878)を借りる少年、『イリアッド』を借り、翻訳者を問うとアレクサンダー・ポープと即座に答える少年がいた。ジョージ・バンクロフトの『アメリカ合衆国史』第1巻(1834)を借りた少年に問うと、紡績工場で働いていると答えた。またオリヴァー・オプティックの本を借りる少年もいた。ライダーは開架の状況と少年が借りる図書の質に感銘を受けた。さらにライダーが驚いたのは良質の図書を少年が自分で選んでいることであった。少年は開架書架を自由に歩き回り、自由に本を選んでいる。ロードアイランド州内でポータケットのような公立図書館は存在せず、市は図書館を自負できる。ライダーは州内のすべての町がポータケットを視察するよう主張した。というのは公費が賢明に使われているからである。

1889年3月号の『ライブラリー・ジャーナル』に、サンダースは「公立図書館と学校との関係」を発表した[90]。サンダースはウースターのグリーンやプロヴィデンスのフォスターによる学校との協力活動に触れた後、もっぱら自館の閲覧室での子どもへのサービスを次のように説明している。

ポータケット公立図書館のサービスは、幼少期の子どもの知的発達から開始し、子どもの楽しみのために絵本や子ども向け雑誌を閲覧室に置いている。……小さな70人の少年少女が机に座っているのは珍しくない。そうした子どもは絵本を見ており、その多くは椅子に座るのに手助けが必要だが、何時間もその場で過ごしている[91]。

　サンダースは「学校に入学する頃には、図書館は第2の家になっている」とまとめている。さらに学校や教員との密接な結びつきを重視したものの、グリーンやフォスターといった有力者がグラマースクールの上級生を中心に据えていたのと異なり、明確にグラマースクール下級生やプライマリースクールの生徒を中心に考えていた。そして「下級生への図書館の価値の説明に焦点を絞ったのは、この側面の理解がされていないからである。図書館は上級生のものというのが主流となる考えである」と断言した。これは的確な指摘である。最後にサンダースは以下の言で結んでいる。「幼少期から若者の時期、さらに成人期から高齢期にわたって、公立図書館は人びとの楽しみ、教育者、同伴者、そして友人である」[92]。1889年のサージェント調査でポータケット公立図書館からの回答は、1888年12月に図書館理事会は、「読みと書きができる公立学校のすべての生徒は図書館を利用する資格がある」[93]と決定したというものであった。

4.2　ポータケット公立図書館1886年年次報告

　前項目で示したように、サンダースは子どもの利用と開架制を自館の実践を背景にアメリカ図書館協会の大会や機関誌で主張し、ライダーなどから高い評価を得ていた。一方、市に提出する年次報告ではどのように自館の実践を報告していたのだろうか。1885年12月1日から1886年11月30日までの1年間をまとめた1886年年次報告[94]を取り上げて、同館の活動やサンダースの考えを確認しておきたい。

　ポータケットは織物業の中心地で、1880年の国勢調査によると人口は19,030人、1890年の調査では27,633人なので、1886年の人口を大まかに24,000人と捉えておく。サンダースの館長報告によると、蔵書冊数は10,060冊（貸出図書

7,475冊、参考図書2,585冊）で、年間購入冊数は523冊、使い古しによる廃棄96冊、紛失2冊であった。購入図書はフィクション283冊、参考図書139冊、歴史34冊、伝記18冊、科学16冊、旅行14冊の順番である。フィクションの購入は主として標準的なフィクションの置き換えと複本の購入である。新規登録者は735人で、1876年に開館した当時からの延べ登録者数は12,325人となっている。

　貸出冊数は41,293冊、内訳はフィクション73パーセント、定期刊行物5パーセント、旅行、エッセイ、歴史などが4パーセントと続いている。人口は24,000人なので、貸出密度は1.72冊となる。サンダースは「読者の注意を他の図書に向けるように努めているが、フィクションの利用が依然として多い」と記入した。そして興味あるいっそう役立つ図書に若者を導く努力を強めたいと希望を述べ、「これは他館の統計をみると絶望的な望みかもしれないものの、向上と進展への希望を諦める図書館長は、図書館業務をやめた方がよい」[95]と断言した。なお教員には学校カードを発行し、生徒に貸出をしているがその統計はとっていないとし、教員からの貸出状況がわかるようにしたいと述べた[96]。これは具体化され、例えば1890年10月31日までの1年間をまとめた館長報告で、サンダースは教員が持つ学校カードによる貸出を14,000冊とし、その内の62パーセントがフィクションと分析している[97]。教育長は学校によっては90パーセントの教員が学校カードを保有しているとし、この側面を強調したいと述べるととともに、教員の学校カードにたいする好意的な反応を例示している[98]。

　1886年年次報告は閲覧室の利用を1日平均250人と報じている。この閲覧室の説明は他館と異なり、もっぱら若者の行動を取り上げている点で興味深い。閲覧室の利用によって、だらしない不潔な少年の身なりがよくなったと指摘し、図書館の影響力を示した。さらに公立図書館によって「街路での少年の乱暴な振舞いが半分以上減少した」[99]という警察官の言及を取り上げている。もっとも少年による無秩序や粗野な振舞いがないわけではなく、そうした振舞いが完全になくなることを期待できないものの、成人が閲覧室の利用を思いとどまるといった事例は皆無であると付け加えた。

ポータケット公立図書館は発足当初から子どもの利用を認めているので、訪問者や観察者がポータケットの実践をみて驚くのを理解できないし、他館の図書館員が「これは立派なことだが、私たちは実行できなかった」と言われても、なぜ実行できないのか理解できないと断言した。サンダースの以下の言は当時の図書館界の全般的認識を端的に示している。

　　　最も早期から図書の使用と図書への愛、それに秩序と清潔さの習慣を子どもに教育するという原則が、当地とウースター、ウォルサム、プロヴィデンス……で同一でないことを理解できない。また小規模で資力も限られている当館が、他館よりもこの原則を巧みに実施できる理由を理解できない。当館での実験の成功は、試みられるとどの図書館でも同じように成功するに違いない。他の市でもまもなく試みられることを目にしたい[100]。

本章で示してきたように、早期からの良き読書習慣の形成や道徳面での向上（街路との対比など）は、図書館員や教育者の間で合意があった。サンダースの指摘は原則への異論ではなく、原則を踏まえた実践をウースターやプロヴィデンスが実施していないことへの批判である。同時に、このサンダースの言は公立図書館での子どもへのサービスが、理由はともかく現実に行われていないことを物語っている。

　こうした館長サンダースの年報を他館の年報と比較すると、子どもへのサービスの説明に重点が置かれていることに特徴がある。と同時にポータケット公立図書館の実践が特異なものであり、それに自負心を抱いている。さらに子どもの読書の内容への関心、および子どもの礼儀作法の重視を示しており、これは従来からの考えの確認であるとともに、1890年代から具体化する子どもへのサービスの2つの関心を先取りしていた。

5　ボストン公立図書館と学校を卒業した住民

　上述のように1888年にポータケット公立図書館は、「読みと書きができる公立学校のすべての生徒」に図書館利用を認め、完全開架でサービスを行っていた。対照的にボストン公立図書館理事会は1888年の第37年報で公立図書館は

「学校やカレッジを卒業した市民の教育を完成させる場」[101] という同館発足時の思想を敷衍して慎重な姿勢を示していた。既述のように1882年のヒューインズ調査で、ボストン公立図書館は、「店や事務所に勤める子どもは賢明で明るく活動的で、同じ年齢のいっそう恵まれた子ども［学校の生徒］よりも、熱心な場合が多い」[102] と回答していた。このことは多くの貧しい家庭の子どもは、家計を支えるために早期に退学して職に就いていたことを示している。1896年のボストンの教育統計によると公立学校は9学年制で、第1学年の在籍者数は11,656人であるが、第4学年になると7,485人、第7学年5,212人、第9学年3,062人となっている。おおむね第9学年まで在籍するのは4分の1程度になる[103]。これはボストンに限ったことではなかった。

例えば1895年4月号の『ライブラリー・ジャーナル』には、「筆者に大きな誤りがないなら、多くの生徒は12歳以前に学校を離れる」と書かれている[104]。またバッファロー公立図書館長ヘンリー・L.エルメンドーフは、1900年4月号の『ライブラリー・ジャーナル』に地元バッファローの状況を次のように報告している。

しばしば注意深い学校統計の編纂者は12歳以前に生徒は学校を離れるという。たしかにバッファローの場合、1892年に第1学年に入った9,601人の内、5年後に第6学年に進んだのは3,750人にすぎない。そして1889年に第1学年に入った8,465人の内、第9学年に進んだのは1,668人にすぎない[105]。

ボストンの場合、第9学年まで進んだのは第1学年在籍者の3分の1であったが、バッファローでは5分の1にすぎなかった。さらに1901年2月号の『パブリック・ライブラリーズ』は学校特集を組んだ。そこでも「学校に入った生徒の50パーセントは11歳以前に学校を去り、75パーセントが12歳で学校を離れる」と報告されている[106]。

ボストン公立図書館は学校を卒業した人を対象に公立図書館を制度として設け、学校と公立図書館でボストンの教育制度は完成するとした。しかし学校の卒業者というのは現実には少数派であり、それは公立図書館が成立した半世紀を経過しても事実であった。そうした若者にとって公的な自己教育の機会は存

在しなかった。

おわりに

　本稿を箇条書きでまとめると以下のようになる。

- 子どもへの公立図書館サービスは学校や教員を通じての生徒へのサービスが先発し、次第に子どもへの直接的なサービスへの言及が増加していく。ただしこれは前者からの撤退を意味せず、学校や教員へのサービスは1890年代からいっそう強力に展開される。子どもへの直接的なサービスが次第に重視されたとしても、子どもに的を定めた具体的なサービスは、図書リストの作成などを除いて何ら展開されていなかった。1889年の時点、児童室や児童図書館員を配する公立図書館は皆無であったし、依然として閉架制を維持していた。すなわち年齢制限と閉架制によって、子どもへのサービスを発足させ展開させる前提を欠いていた。

- とはいえ図書館員は子どもの読書に大きな関心を抱き、良書の奨励と不道徳なフィクションの排除という点では合意があったが、扇情的で刺激的なダイム小説の類のフィクションの提供については意見の相違があった。

- ボストン公立図書館の利用規則をみると本稿が扱った15年間は貸出資格年齢の下限はグラマースクールの上級生に相当する14歳であった。公立図書館の発祥の地であるマサチューセッツ州やニューイングランドの場合、おおむね14歳や12歳に貸出年齢の下限を設定していた。多くの生徒は公立学校を卒業せずに12歳以下で働いており、そうした子どもには自己教育機関としての公立図書館は存在しなかった。

- このような状況にあって、ポータケット公立図書館は開架制と子どもへのサービスを実践していた。1889年に館長サンダースは、椅子に座るのに助けが必要な小さな子どもも熱心に本を読み、そうした子どもが「学校に入学する頃には、図書館は第2の家になっている」と論じ、さらに「幼少期から若者の時期、さらに成人期から高齢期にわたって、公立図書館は人びとの楽しみ、教育者、同伴者、そして友人である」とまと

めていた。
・1876年から1889年までは子どもへの図書館サービスの前史と位置づけ
られよう。1890年代から子どもへの図書館サービスの開始と実験の時
代に入るが、それを先取りしていたのがポータケット公立図書館であ
る。ポータケットの実践と報告が大した影響力を持たなかった理由は開
架制導入の場合と同じと推察される。すなわち大都市公立図書館ではな
く小さな図書館の実践であったこと、それに有力な男性図書館長、アメ
リカ図書館協会の指導者ではなく、小さな町の女性図書館長の実践であ
ったことである。

注

1) 川崎良孝「1876年以前のアメリカ公立図書館の全般的状況と図書館利用規則」『同
志社図書館情報学』29, 2019, p. 1-31. さらに以下も本稿に関係している。川崎良孝
「ボストン公立図書館の利用規則と年齢制限が示す意味：1853-1875年」『図書館
界』vol. 70, no. 5, January 2019, p. 586-601.
2) [Mr. Wallace's Address], "Proceedings," *American Library Journal*, vol. 1, no. 2/3,
November 1876, p. 95.
3) *ibid.,* p. 140.
4) 開架制については以下を参照。 川崎良孝『開かれた図書館とは：アメリカ公立図
書館と開架制』京都図書館情報学研究会, 2018, 279p.
5) フレッチャーの紹介（川崎良孝）と論文「公立図書館と若者」の翻訳（福井佑介）
は以下を参照。川崎良孝編著・訳『アメリカ公立図書館運動開始期の思想と実践』
京都図書館情報学研究会, 2020, p. 169-175 （川崎）; 176-184 （福井）.
6) *ibid.,* p. 176.
7) *ibid.,* p. 178.
8) *ibid.,* p. 180-184.
9) そしてここに表明される図書館員の意識には、好ましくない扇情的な本が大量に
安価に出回っていることへの懸念があり、それに対抗する図書館側からの働きか
けの必要性が次第に主張されていく。それは子ども各人の知的、道徳的な成長を
助けるという対個人的関心だけでなく、将来の成人を意識することで社会の形成
に関わる事柄であった。そしてこの動きは急速な都市化、産業化、それに付随す
る都市問題や労働問題が生じる1890年代に重要性を高めていく。
10) ワトキンソン図書館については以下を参照。Marian G.M. Clarke, *David Watkinson's*

Library: Our Hundred Years in Hartford, Connecticut, Hartford, CT, Trinity College Press, 1966, 177p. フレッチャーはボストン・アセニアムの職員を経て、1874年から1883年までアトキンソン図書館に勤務し、1883年以後はアマースト・カレッジの図書館長になった。1891-92年度のアメリカ図書館協会会長である。

11）"Library Regulations," *Catalogue of the Free Public Library of the City of Lawrence, 1873,* vi-vii.

12）"Rules and Regulations," *Twenty-Second Annual Report of the Trustees of the Public Library of Taunton, 1887,* p. 14. 正確を期せば15歳から18歳までの住民は親などの保証書が必要で、保証人が当人の利用に責任を持つ。

13）"Age-Qualification," *Library Journal*, vol. 2, no. 5/6, January/February 1878, p. 272-274. このロンドン国際大会へのアメリカ図書館員の参加については以下を参照。Budd Gambee, "The Great Junket: American Participation in the Conference of Librarians, London, 1877," *Journal of Library History*, vol. 2, no. 1, January 1967, p. 9-44.

14）"Age-Qualification," *op.cit.,* p. 272.

15）*ibid.*, p. 273.

16）*ibid.*, p. 273.

17）3章1節を参照。

18）"Age-Qualification," *op.cit.,* p. 274.

19）Charles F. Adams, Jr., "The Public Library and the Public Schools," *New-England Journal of Education*, vol. 5, no. 12, March 22, 1877, p. 133-134; vol. 5, no. 13, March 29, 1877, p. 147; vol. 5, no. 14, April 5, 1877, p. 160. これは以下に転載されている。Charles F. Adams, Jr., "The Public Library and the Public Schools," Samuel S. Green, ed., *Libraries and Schools*, New York, F. Leypoldt, 1883, p. 5-24. また以下は少し簡略にして掲載している。*American Library Journal*, vol. 1, no. 12, August 1877, p. 437-441. さらに以下にもアダムズの論考がある。Charles F. Adams, Jr., "Fiction in Public Libraries and Educational Catalogues," *Library Journal*, vol. 4, no. 9/10, September/October 1879, p. 330-338. アダムズの紹介と論文「公立図書館と公立学校」の翻訳は以下を参照。川崎良孝編著・訳『アメリカ公立図書館運動開始期の思想と実践』*op.cit.*, p. 185-192（紹介）; 193-205（翻訳）. これは上記のグリーン編『図書館と学校』に掲載されたアダムズの論文の翻訳である。

20）*ibid.*, p. 195.

21）*ibid.*, p. 196.

22）*ibid.*, p. 197.

23）*ibid.*, p. 204-205.

24）*ibid.*, p. 205.

25）*ibid.*, p. 205.

26）グリーンやフォスターが1880年代に発表した主要な論考は以下である。Samuel S. Green, "The Relation of the Public Library to the Public Schools," *Library Journal*, vol. 5, no. 9/10, September/October 1880, p. 235-245; Samuel S. Green, ed., *Libraries and Schools, op.cit.*; Samuel S. Green, "The Public Library and the Schools in Worcester: Some New Experiments and Their Results," *Library Journal*, vol. 12, no. 3, March 1887, p. 119-121; Samuel S. Green, "Libraries and Schools: The Results of a New Experiment in Worcester, Mass.," *Library Journal*, vol. 12, no. 8, August 1887, p. 400-402; [William E. Foster], "The Providence Public Library," *Library Journal*, vol. 3, no. 1, March 1878, p. 25-26; William E. Foster, "On Aimless Reading and Its Correction," *Library Journal*, vol. 4, no. 3, March 1879, p. 78-80; William E. Foster, "The School and the Library: Their Mutual Relation," *Library Journal*, vol. 4, no. 9/10, September/October 1879, p. 319-325; William E. Foster, "A Plan of Systematic Training in Reading at School," *Library Journal*, vol. 8, no. 2, February 1883, p. 24-26; William E. Foster, "The Relation of Libraries to the School System," Samuel S. Green, ed., *Libraries and Schools, op.cit.*, p. 89-118.

27）なお1回目の発表とは前年1882年のアメリカ図書館協会年次大会でキャロライン・M.ヒューインズが行った以下の報告を意味する。Caroline M. Hewins, "Yearly Report on Boys' and Girls' Reading," *Library Journal*, vol. 7, no. 7/8, July/August, 1882, p. 182-190.

28）Mary A. Bean, "Report on the Reading of the Young," *Library Journal*, vol. 8, no. 9/10, September/October, 1883, p. 217.

29）Thomas J. Morgan, "The School and the Library," *Journal of Proceedings and Addresses of the National Educational Association, Session of the Year 1887, Held at Chicago, Illinois*, p. 192-195.

30）"Proposed Library Section of the N.E.A.," *Library Journal*, vol. 21, no. 4, April 1896, p. 149-150; "Petition to the N.E.A.," *Library Journal*, vol. 21, no. 6, June 1896, p. 280.

31）"Library Section of the National Educational Association," *Library Journal*, vol. 21, no. 7, July 1896, p. 328; *Library Journal*, vol. 21, no. 7, July 1896, p. 315.

32）"Library Department," National Educational Association, *Journal of Proceedings and Addresses of the Thirty-Sixth Annual Meeting, Held at Milwaukee, Wis., July 6-9, 1897*, p. 1005-1043.『ライブラリー・ジャーナル』の報告記事は以下を参照。*Library Journal*, vol. 22, no. 8, August 1897, p. 380; "Meeting of Library Department of the N.E.A.," *ibid.*, p. 389.

33）National Educational Association, *Report of Committee on the Relations of the Public Library to Public Schools*, 1899. 学校と公立図書館の協力については公立図書館員や一部の教育者は熱心であったが、全米教育協会としての大きな取り組みにはな

らなかった。公立図書館が設置されているコミュニティは少数なので、具体的な
サービスよりもまず図書館設置という問題があった。

34）"Fiction in Libraries and the Reading of Children," *Library Journal*, vol. 4, no. 9/10, September/October 1879, p. 319-366.

35）公立図書館からの発言は以下を参照。William E. Foster, "The School and the Library: Their Mutual Relation," *ibid.,* p. 319-325: M.A. Bean, "The Evil of Unlimited Freedom in the Use of Juvenile Fiction," *ibid.*, p. 341-343; Samuel S. Green, "Sensational Fiction in Public Libraries," *ibid.*, p. 345-355; [Mellen Chamberlain], "Address of Mellen Chamberlain," *ibid.*, p. 362-366.

36）1982年に出されたファネット・H.トマスの博士論文や2007年のキャスリーン・マクドウェルの博士論文も、ブルックラインの児童室を公立図書館で最初の児童室としている。マクドウェルは、ブルックラインの「児童室は公立図書館での若者へのサービスの際立った出来事として記されてきた」とまとめ、その理由として子どもへのサービスのために1つの部屋を割り当てたことを挙げている。以下を参照。Fannette H. Thomas, "The Genesis of Children's Services in the American Public Library, 1875-1906," Ph.D. dissertation, University of Wisconsin-Madison, 1982, p.104-105; Kathleen McDowell, "The Cultural Origins of Youth Services Librarianship, 1876-1900," Ph.D. dissertation, University of Illinois, 2007, p. 126. さらにハリエット・G.ロングは、「1890年、マサチューセッツ州ブルックラインでは、公共図書館の地下に初めて子ども専用の閲覧室が開設されている」と記している。以下を参照。ハリエット・ロング『アメリカを生きた子どもたち』古賀節子監訳, 日本図書館協会, 1983, p. 103（原書は1969年）.

37）Mellen Chamberlain, "Public Library and Public School," *Library Journal*, vol. 5, no. 11/12, November/December 1880, p. 299-302.

38）オリヴァー・オプティックはウィリアム・T.アダムズ（William T. Adams, 1822-1897）の筆名。教員、児童文学作家で、多くの少年向きの道徳的で派手なシリーズ物冒険小説を執筆した。

39）[Thomas W. Higginson], "Address of T.W. Higginson," *Library Journal*, vol. 4, no. 9/10, September/October 1879, p. 358.

40）Kate G. Wells, "The Responsibility of Parents in the Selection of Reading for the Young," *ibid.*, p. 325-330.

41）*ibid.*, p. 326.

42）Caroline M. Hewins, "Yearly Report on Boys' and Girls' Reading," *op.cit.*, p. 182-190.

43）*ibid.*; Mary A. Bean, "Report on the Reading of the Young," *op.cit.*, p. 217-227; Hannah P. James, "Yearly Report on the Reading of the Young," *Library Journal*, vol. 10, no. 9/10, September/October 1885, p. 278-291; Mary Sargent, "Reading for the Young,"

Library Journal, vol. 14, no. 5/6, May/June 1889, p. 226-236.

44） Caroline M. Hewins, "Yearly Report on Boys' and Girls' Reading," *op.cit.,* p. 182.

45） *ibid.,* p. 186.

46） *ibid.,* p. 190.

47） *ibid.,* p. 185-186.

48） Mary A. Bean, "Report on the Reading of the Young," *op.cit.*, p. 217-227.

49） *ibid.*, p. 217.

50） *ibid.,* p. 221-222.

51） *ibid.,* p. 222.

52） *ibid.,* p. 223.

53） *ibid.,* p. 227

54） Hannah P. James, "Yearly Report on the Reading of the Young," *op.cit.*, p. 278-291. なお回答館には公立図書館でない館もいくつか入っている。

55） *ibid.,* p. 278.

56） *ibid.,* p. 291.

57） *ibid.,* p. 284.

58） *ibid.,* p. 283.

59） *ibid.,* p. 289.

60） Mary Sargent, "Reading for the Young," *op.cit.*, p. 226-236

61） *ibid.*, p. 226.

62） *ibid.,* p. 230.

63） *ibid.,* p. 235.

64） *ibid.*, p. 233. この児童図書館協会については以下の記事を参照。Emily S.Hanaway, "The Children's Library in New York," *Library Journal*, vol. 12, no. 5, May 1887, p. 185-186; "The Children's Library in New York, and Its Constitution," *Library Journal*, vol. 12, no. 6, June 1887, p. 224-225; "The Children's Library Association," *Library Journal*, vol. 13, no. 5, May 1888, p. 140-141.

65） John C. Houghton, "Librarian's Report," *Twenty-Seventh Annual Report of the Trustees of the Public Library of the City of Lynn, for the Year Ending December 31, 1889*, p. 17.

66） John C. Houghton, "Librarian's Report," *Twenty-Eighth Annual Report of the Trustees of the Public Library of the City of Lynn, for the Year Ending December 31, 1890*, p. 12.

67） "Board of Trustees and Officers," *Thirty-Eighth Annual Report of the Trustees of the Public Library of the City of Lynn, for the Year Ending December 31, 1900*, n.p.

68） John C. Houghton, "Librarian's Report," *Forty-First Annual Report of the Trustees of the Public Library of the City of Lynn, for the Year Ending December 31, 1903*, p. 6-7.

69） [Boston Public Library], "Regulations, May 1879," *Handbook for Readers, with*

Regulations, New Edition, 1879, p. 1-14.

70) またボストンの住民に「特別カード」(special privilege) の発行を認めている。このカードの保持者は通常よりも多くの冊数を通常よりも長く借り出すことができる。ただしカードを発行するのは、市民全体の利益になる場合に限り、単なる個人的な調べ事、全般的な (miscellaneous) な図書、新着図書には使えない。対象は、専門的な著者、講演者、教員、編集者などで、申し込みごとに採否や条件を検討する。「特別カード」は非居住者にも提供するが、ボストンの住民の利用を妨げない範囲に限定する。「特別カード」は4冊4週間を上限とし、カードの有効期間は最長1年間である。ボストン公立図書館が市内の住民に「特別カード」の発行を正式にみとめたのは、これが最初である。

71) [Boston Public Library], "Regulations," *Hand-Book for Readers in the Boston Public Library, containing the Regulations of the Library …, New Edition, 1883*, p. 1-14.

72) Caroline M. Hewins, "Yearly Report on Boys' and Girls' Reading," *op.cit.*, p. 183.

73) Mary A. Bean, "Report on the Reading of the Young," *op.cit.*, p. 219.

74) Hannah P. James, "Yearly Report on the Reading of the Young," *op.cit.*, p. 280-282.

75) ボストンの公立学校のクラスと年齢別在籍者数は以下を参照。川崎良孝「ボストン公立図書館の利用規則と年齢制限が示す意味」*op.cit.*, p. 592-593.

76) *ibid.,* p. 281.

77) なお公立図書館と学校、生徒カードについて補足しておく。ボストン公立図書館理事会第36年報で、審査委員会は学校との関係について報告書を作成している。そこでは公立図書館と学校との協力のあり方をまとめ、生徒カードについて高く評価した。以下を参照。"Appendix to the Report of the Examining Committee: Report of the Sub-Committee on the Relations between the Public Library and Public Schools," *Thirty-Sixth Report of the Trustees of the Public Library of the City of Boston, 1887*, p. 20-23. 第37年報で理事会は学校との関係について審査委員会の勧告を慎重に検討しているが結論はでていないと書いた。理事会は公立学校との関係について、教員や生徒に他の人びとよりも厚い特権を与えることに疑問を呈した。また教科書の類を提供しないことについて、ボストン公立図書館設立の思想を敷衍し、公立図書館は「学校やカレッジを卒業した市民の教育を完成させる場」として構想されたと確認した。以下を参照。*Thirty-Seventh Report of the Trustees of the Public Library of the City of Boston, 1888*, p. 4. さらに同年報で審査委員会は生徒カードの導入を評価し、次のように説明している。「生徒カードはグラマースクールの2つの上級学年の生徒を対象にしている。このカードを用いて、生徒は授業の主題に関わる本を申し込むことができる。図書館員は生徒の能力と図書館の資源を勘案して、適切な図書を調べる。そして生徒に読むべき頁や行を指示する場合も多い」。以下を参照。"Report of the Examining Committee," *ibid.*, p. 13.

78) Mary Sargent, "Reading for the Young," *op.cit.,* p. 227.

79) [Minerva Sanders], "Free Public Library, Pawtucket, R.I.," Caroline M. Hewins, "Yearly Report on Boys' and Girls' Reading," *op.cit.,* p. 185.

80) ホレイショ・アルジャー（Horatio Alger, 1832-1899）は、少年向きのダイム小説の作家。貧しい少年が努力や勇気によって、社会で成功するというアメリカの夢を描いた。

81) "The Pawtucket Free Public Library and the Dime Novel," *Library Journal,* vol. 10, no. 5, May 1885, p. 105.

82) [Minerva Sanders], "Pawtucket," Hannah P. James, "Yearly Report on the Reading of the Young," *op.cit.,* p. 289-290.

83) Minerva A. Sanders, "The Possibilities of Public Libraries in Manufacturing Communities," *Library Journal,* vol. 12, no. 8, August 1887, p. 395-400.

84) *ibid.,* p. 397.

85) *ibid.,* p. 398.

86) *ibid.,* p. 398.

87) *ibid.,* p. 399.

88) "Proceedings," *Library Journal,* vol. 12, no. 8, August 1887, p. 447.

89) Sidney S. Rider, "What I Saw in the Free Library in Pawtucket," *Library Journal,* vol. 14, no. 1/2, January/February 1889, p. 40-41.

90) Minerva A. Sanders, "The Relation of the Public Library to the School," *Library Journal,* vol. 14, no. 3, March 1889, p. 79-83.

91) *ibid.,* p. 81.

92) *ibid.,* p. 82.

93) Mary Sargent, "Reading for the Young," *op.cit.,* p. 234.

94) Minerva A. Sanders, "Report of the Librarian of the Free Public Library for 1886," *Annual Report of the Free Public Library of the City of Pawtucket, R.I., for the Year Ending November 30, 1886,* p. 5-10,.

95) *ibid.,* p. 6-7.

96) *ibid.,* p. 6-7.

97) Minerva A. Sanders, "Report of the Free Public Library," *Annual Report of the Free Public Library of the City of Pawtucket, R.I., for the Year Ending November 30, 1890,* p. 4.

98) *ibid.,* p. 5-6.

99) Minerva A. Sanders, "Report of the Librarian of the Free Public Library for 1886," *op.cit.,* p. 8.

100) *ibid.,* p. 8.

101）*Thirty-Seventh Report of the Trustees of the Public Library of the City of Boston, 1888*, p. 4.

102）Caroline M. Hewins, "Yearly Report on Boys' and Girls' Reading," *op.cit.*, p. 183.

103）以下を参照。川崎良孝「ボストン公立図書館の利用規則と年齢制限が示す意味」 *op.cit.*, p. 592（表1-1「ボストンの公立学校のクラスと年齢別在籍者数：1896年」）.

104）George W. Cole, "How Teachers Should Co-operate with Librarians," *Library Journal*, vol. 20, no. 4, April 1895, p. 115.

105）Henry L. Elmendorf, "Public Library Books in Public Schools," *Library Journal*, vol. 25, no. 4, April 1900, p. 165.

106）Mary L. Berkey, "Primary Schoolroom Libraries," *Public Libraries*, vol. 6, no. 2, February 1901, p. 77.

A Brief Exploration of Library's International Cultural Exchange in the New Reading Era:
Taking the Shanghai Library East as an Example

Jin Jing （金晶）

Introduction

Significant changes in people's reading habits and modes of library operation in the new reading era will inevitably bring the following challenges to public libraries. What are the features of new reading era and its difference from traditional reading? What shall we expect from library in the new reading era? How can libraries participate in international cultural exchange in the new reading era? How can we apply these principles in the case of the Shanghai Library East? With these questions in mind, the essay will try to explore the possibilities of constructing cultural exchange patterns suitable to the new reading era in the Shanghai Library East based on the summarization of the cultural exchange development in the Shanghai Library and its future prospect.

1 Library's International Cultural Exchange Mission in the New Reading Era

International Cultural Exchange has been one of the functions of modern library since last century. Libraries, originally as a public place providing books and reading materials are striving to adapt to the social transition and expanding its function in cultural exchange and other public affairs. Libraries have been pursuing the task of cultural exchange for the enhancement of communication in the cultural aspect between nations. Meanwhile, modern library is being influenced by the arrival of new reading era, in which further changes are taking place to realize its functions.

1.1 The Arrival of New Reading Era and Library Development

21st century has witnessed a significant change in people's reading habits. The trend, which has been defined as mega reading by some scholars has influenced our reading behavior as well as the media we choose to receive information. The arrival of omnimedia and the necessity of transliteracy can be regarded as two features of the new reading era[①]. Matha Stewart initiated the idea *omnimedia* by launching the advertisement through newspapers, broadcasting, television and other multiple channels[②]. Since then, omnimedia has been recognized as an idea similar to multimedia to describe the plentiful channels in cultural communication. It is in recent years that the trend has extended to reading. Not confined to the traditional media such as books and newspapers, people are beginning to embrace the newly emerged media to receive information. According to a mini survey held among 100 students in Shanghai University of Economics and Finance, nearly 23.3% students hardly or never read books or magazines in paper form and more than 76% of the students mainly get information on line[③].

A similar change in reading habits can also be seen in the Shanghai Library. According to the research held by the Shanghai Library on the visitors to the webpage z.library.sh.cn, the figure has reached 6.7million during the lockdown period from March to May in 2022, doubling the figure in the same period last year. Despite the fact that the rise is mainly attributed to people being unable to visit the library on their own, it is undeniable that the library has been partly forced into the transition to cater to the

---

[①] 陈超： 大阅读时代智慧复合型图书馆发展战略思考，上海图书馆建馆70周年文集，上海科技文献出版社2022年

[②] The idea of omnimedia has originated from a house caring service corporation "Martha Stewart Living Omnimedia" in the United States. It was then applied to the way of information spreading and exchange. Martha first expressed the idea in her journal *Martha Stewart Living*, see athttps://baike.so.com/doc/6745565-6960110.html

[③] This mini survey is done with the questionnaire designed on line, see at https://www.wjx.cn/jq/26378737.aspx

requirement from the society. If asked about the preference, quite a number of readers will embrace the change for the convenience they can enjoy. Readers have expressed their satisfaction with the feasibility of plentiful reading material on the webpage and the convenience of the easy access without having to pay physical visit to the library.

Library, as a typical place to provide people with space and material for reading must adapt to the change. To some extent, the technological development has become a driving force to push libraries towards the trend. According to the director of Shanghai Library Mr. Chen Chao, reading today should be accessible to all our senses as it is actually feasible for us to receive information through all senses. This can be seen as a reading revolution with which information will not only be seen with eyes but be heard with ears and even touched with hands. In a library, people should be enjoying more diversified information services in both physical space and digital space.

However the new reading era does not necessarily mean a total abandon of paper reading material and reading is still a universal pursuit for the public.

In order to comprehensively reflect the overall situation and changes of national reading in China, and better guide cities to unify reading index standards, the Chinese Academy of Press and Publication have developed the index system of national reading and carried out the national reading survey. The reading index system consists of 25 single indexes, which are divided into "personal reading index" and "public reading service index". 1) The "personal reading index" includes three aspects: personal reading volume and ownership, reading rate of various publications, and personal reading cognition and evaluation, which comprehensively reflects the level of national reading; 2) The "Public reading service index" includes three aspects: people's awareness, usage and satisfaction evaluation of public reading facilities and reading activities, which comprehensively reflects the level of public facilities construction and public services. Through hierarchical fitting of these 25 indexes, the reading index is obtained.

It was estimated that the national reading index in 2019 was 70.22 points, 1.55 points higher than the 68.67 points in 2018. Among them, the personal reading index was 73.04 points, 1.37 points higher than 71.67 points in 2018; the public reading service index was 67.61 points, up 1.70 points from 65.91 points in 2018[1].

While digital reading and audio reading have become the main trend among adults, we still see an increase in paper reading choices among teenagers. Compared with 2018, reading rate within the age range of 0-8 years old has increased 2.6%, that within the age range of 9-13 years old has increased 1.6% and that within the age range of 14-17 years old has increased 2.5%. Among the teenager participants, 70% of the families have the habit of accompanying their children in reading and 32.7% parents will take their children to the book store at least once every three months. Meanwhile about 40% of the adult readers think that they are in lack of reading and hope for more public reading activities[5].

As the former director of the Shanghai Library Dr. Wu Jianzhong pointed out that the new reading era has high lightened multiple reading forms but traditional reading should still be preserved as the essence of a library[6].

1.2 Library's International Cultural Exchange and Requirements in the New Reading Era

In the new reading era, library's cultural exchange program will take a new shape. Besides the traditional book donation form, library's cultural exchange will have to improve its adaption to the current reading habits as well as the *omnimedia* background. Books, as the main media to carry out cultural exchange will co-exist with other types of media in the new era and the physical space of library will still play its role in providing readers with on-the-spot reading experience. Meanwhile, the following aspects should be taken into consideration as the requirements for library's cultural exchange in the future.

- Expanding the variety of reading material for donation. Previously, great attention has been paid to the kinds of books donated to the organizations abroad and we have held surveys through the e-mail on readers' likes and dislikes. Now the attention needs to be transferred to the selection of digital material including

---

[4] https://mp.weixin.qq.com/s/R-Onee_-Hl78UMgqwKmg_Q

[5] https://mp.weixin.qq.com/s/R-Onee_-Hl78UMgqwKmg_Q

[6] https://export.shobserver.com/baijiahao/html/427628.html

document form, the blog form or even the short video form.

- Intensifying the technological management of cultural exchange. While readers are more into digitalized form of reading, technological management problems will emerge. Currently, the intellectual property right should be extended to the electronic resources and we must begin to think about the ways in which readers obtain the materials and the ways to preserve the intellectual right of the author. For instance, how can the readers get access to these resources without interfering the intellectual property right of the author or the right of the donator remains a question to be answered.

- Seeking heterogeneity in homogeneity. The value of cultural exchange lies in the difference between cultures. However in an era when the internet has made countries in the world share more information, homogeneity is a trend. With the resources more accessible, absorbing and imitating might become a problem. Learning from other cultures and taking in the merits on one hand can insert strength to a culture but on the other hand, when the common merits have been observed, keeping the existence of local culture will be a key point to maintain the value of cultural exchange.

2 The Shanghai Library East: A Library Constructed in the New Reading Era

As a municipal construction project, the Shanghai Library East has attracted the attention from the public. Despite the fact that due to the sudden pandemic, it was not opened as planned, the library that possess the features of new reading era has never spared its efforts in facing the readers' requests and it finally was opened to the public on September 28, 2022[⑦].

2.1 The Construction and Design Ideology of the Shanghai Library East

The construction project of the Shanghai Library East was settled in 2015 as a municipal project for city development after in-depth discussion within the government staff. The idea of setting up such a library was initially raised in 2004. The construction began in September 2017. Chris Hardie from the Schmidt Hammer Lassen Architects

(SHL in short) of Denmark was invited to be in charge of the design of the library building and the SHL has put some globalized authentic value into the details of the design. The building was completed in September 2019 and open to the public in September 2022.

The Shanghai Library East

The design ideology of the Shanghai Library East has comprised the requirements for *Intelligence*, *Inclusiveness* and *Interconnection*. (regarded as *three i* for a modern library.) Among these requirements, intelligence reflects the traditional feature of a library combined with technology while inclusiveness and interconnection symbolize the cultural exchange demands in the new era where readers from different cultures can share the library resources. To meet these requirements, the construction of the

---

⑦　The Shanghai Library was founded in 1952 and was at that time located in No. 325 West Nan-jing Road. In 1995, the Shanghai Library and the Institute of Scientific and Technical Information of Shanghai merged to become a comprehensive research public library and center for industrial information. The next year that is in 1996, the new Shanghai Library was moved to No. 1555 Middle Huai-hai Road (western building). Today, the Shanghai Library is still located in this address. In 2022, the Shanghai Library East, which is located in No. 300 He-huan Road (eastern building), is open to the public. So nowadays, the Shanghai Library has two buildings - western and eastern. This paper is focused on the eastern one.

Night View of the Shanghai Library East

library is worthy of being noted. The library is expected to be built into a space that can hold the readers and visitors from all over the world with the collection inclusive to diversified culture. It also aims at setting up a space more strongly interconnected with all parts of the world. Such ideology has been reflected in the building construction of the Shanghai Library East which covers a building area of nearly 115,000 square meters with the feasibility of receiving more than 4 million visitors and holding over 100 lectures as well as over 250 reading promotion activities annually. There are nearly 6,000 seats inside. By the end of 2021, the total collection of the Shanghai Library should reach approximately 58 million volumes/pieces. For the Shanghai Library East, there are nearly 400,000 books on the shelves. Taken the size of the main building into account, the Shanghai Library East is the biggest library in China.

Together with the grand space, the sufficient height between floors leaves readers with the impression of magnificence[8].

---

[8] https://www.zhulong.com/zt_bim_3002296/detail42164528/

Floor Number	Main Sections
B1	Lecture Hall/Reading Theatre, Multifunctional Hall, Philharmonics Hall, Digital Media Hall, Immersive Studio
1F	Lecture Hall /Reading Theatre, Exhibition Hall 1~2, Atrium, Souvenirs Shop, Reception, Cloakroom, Accessible Reading Room, Children's Area
2F	Roof Garden, Lifelong Learning Classroom, Newspaper & Periodicals, Print on Demand, Learning Commons, Digital Resource Retrieval
3F	Reading Square (N, W, E, S), Chinese Periodicals Reading Room, New Reading XP Zone, Smart Shelves, Learning Commons 3-01
4F	Shanghai Local Chronicles Library, Local Archives, Global Cities, Law, Genealogy, Manuscripts, Deep Quiet Study, Learning Commons 4-01~05
5F	Music Sector, Audio & Media Room, Music Studio, Music Room, Recital, Learning Commons 5-01, Fine Arts, Experimental Reading Area, Cutting-Edge Science & Technology, Performing Arts, Deep Quiet Study, Design, Health & Wellbeing, 3D Printing Studio, Popular Science Lab, Learning Commons 5-03
6F	Social Science Achievements: Exhibition Zone A~B, Academic Groups: Shared Space, Seminar Room 1~2, Audio-Visual Room, New Book Exhibition Room, Interview Room, Main Atrium, Social Science Periodicals Zone, Temporary Exhibition Zone, Functions and Events Hall, Academic Events Space, Discovering Social Science: Shared Space, Shanghai Social Science Centennial History Exhibition
7F	Treasures Gallery, Reading Promotion Area (N, S), Learning Commons7-01~03

Main Sections of Each Floor in the Shanghai Library East

Besides the traditional function of providing the readers with a reading space, the Shanghai Library East has reflected the demands of a hybrid library that can go beyond its physical image. Modern Library should be a hybrid place, seeking the co-development in both physical space and virtual space and the new logo of the Shanghai Library fully symbolizes the hybridism with its specially designed image that looks like a flying bird seeking knowledge. It can also been seen as a book with pages turning or a start of voyage towards the sea of knowledge. The different interpretations from different aspects imply the multiple functions a modern library has to own and the multiple responsibilities a library has to shoulder in the new reading era.

SHANGHAI LIBRARY
New Logo

The physical space of the Shanghai Library East is designed as a combination of library, study room and living room where readers can be delving into the enjoyment of reading leisurely. This will change the traditional concepts of a library which most of time is visited by scholars and the image of which is usually limited in the ivory tower. The reading atmosphere of the Shanghai Library East will let readers feel at ease when they pick up the books and read with delight, even with the feeling of reading in a comfortable study room. This concept has obtained consensus from Shanghai Municipal Government. Actually, the demands from the new reading era have been taken into consideration while the building was being constructed. Global Cities Room on the 4th floor comprises the functions in exhibition and document service, aiming at presenting the images of the world cities to the readers. It holds more than 8,000 books in foreign language and some specialized resources in cultural exchange. The gallery can be seen as a window of international cultural exchange in the Shanghai Library East. The smart bookshelves located on the 3rd floor of the library will provide the accessibility of locating the book needed with inputting its title on the shelves' screen, making the search much easier for most readers. There are also other designated areas to feature some specialized use. Deep Quiet Study Rooms are designed especially for the readers with high demands on quietness. It has combined the privileges of some commercialized study rooms which provide mute keyboard and mouse to reduce the surrounding volume to the lowest level and the library environment with plentiful collection. Accessible Reading room will be perfect choice for the disabled and

Global Cities Room   Deep Quiet Study Room   Accessible Reading room

Lifelong Learning Classrooms are available for public learning activities.

The design of virtual space, as a response to the demands in new reading era is also progressing, which can be seen in the Shanghai Library Reading Festival on April 23, 2022. Due to the impact from pandemic, all the activities have been held on line through live broadcast. A virtual idol named LUO Tian-yi has been introduced to promote reading in public, especially the young-generation readers, presenting the new image of a modern library. Readers scanned the whole library on the screen as vividly as visiting personally.

LUO Tian-yi, a virtual reading promotion idol of the Shanghai Library East

10 art works with humanity and modern science and technology are set in the Shanghai Library East to better enhance the taste of reading culture, shape the charm of reading space, and sublimate the relationship between reading and a better life, showing the artistic conception of "viewing people, city and the world" and "absorbing articles, arts and science and technology". This not only makes readers fully experience the beauty of reading, but also actively reflects the iterative innovation of public cultural facilities, better reflects the connotation of the times of Shanghai's urban spirit, and helps enhance the influence of Shanghai's soft power and Shanghai as an international cultural metropolis.

	Title	Concept	Space position
1	*Gao Shan Yang Zhi*	Two stones, one in open and the other in closed shape, stand opposite to each other, symbolizing the profound development of civilization.	South Square
2	*Flying Stone*	The modeling of flying stones is a metaphor for the coexistence of civilization and nature, which arouses viewers' thinking about nature, life and civilization in the information age.	North Square
3	*Passing of the Seasons*	Use black and white to erase the text content regularly, leaving only the punctuation marks decorated with brass, highlighting that punctuation marks are the pause of reading, the blank space of thinking, and the prosodic mark of characters.	Arrival Hall Atrium
4	*Infinity*	The combination of artist's ideas, high-tech intelligence and traditional craftsman's skills, showing that the knowledge contained in library connects the past and the future, tradition and technology.	Entrance hall of Reading Theatre
5	*Butterfly Kites*	With the image of butterfly kites, let the wings of knowledge and imagination unfold in children's hearts, help their hearts wander freely and their dreams soar.	Children's Reading Courtyard
6	*Knowledge is Power*	The iconic characters vividly demonstrate the strong power of knowledge.	Children's Reading Adventure Area
7	*Tower of Knowledge*	A tower of knowledge symbolizing memory and exploration spirals upwards, symbolizing the way to seek truth, and confirming the old adage that "there is no royal road to learning".	3F Reading Square (N)
8	*Be With You*	A water-drop sculpture standing in the space metaphorically means that knowledge is like "river of trickles", and people should break through thinking limitations in their daily accumulative study.	3F Atrium

| 9 | *Living Word* | An open book is placed on the desk, and the "bird" soars up from the upper left of the page, symbolizing the fluttering thoughts of readers who are inclined to escape from their minds, which flows and jumps between words, concepts, knowledge, symbols and images. | 3F Reading Square (S) |
| 10 | *Quest City* | Made of catalogue cabinets, it is the reappearance and innovation of history, making people understand the tradition and innovation of library. | 5F Atrium |

10 art works in the Shanghai Library East

2.2 The Development Ideology of the Shanghai Library East

The design and construction ideology of the Shanghai Library East has laid a foundation to carry out its development mission. In general, the mission can be concluded as a smart and hybrid library that comprises the following features.

- A combination of traditional collection and strong electronic platform. The idea of a hybrid library was initiated by American scholar S. Sutton to refer to a certain development stage of library. In his explanation, a hybrid library does not necessarily mean giving up traditional collection. Instead, the traditional collection of books and periodicals can still play its specific role in the library and the reading atmosphere can be enriched with the inclusion of highly developed electronic platform. In other words, readers can choose the form of reading according to their taste and their demands can be met with the least limitation.

- A combination of publicity and personalization. Library will go beyond the stage of being only a public reading place and will enter the diversified world to meet the personalized demands of readers. Intelligence will play a vital role in library's service for the accurate capture of readers' taste and their anticipation. Librarians will provide recommendation based on the readers' choice records and readers will pick up their choices more efficiently.

- A combination of professionalization and cross-border cooperation. Library science as an independent subject was originated from the experience in documentation and categorization. Since then, library has become a profession that can be distinctive in its knowledge domain and skill. The Shanghai Library East as a hybrid library should preserve the distinctiveness of library as a professionalized place while promoting the cross-border cooperation, making it more comprehensive and inclusive. Computerization and mechanization, as well as modern artificial intelligence will be indispensible subject domains to support the operation of a public library.

Being updated to suit the development in digital reading and making books more accessible to readers all over the world without the constraints from location or distance is undeniably the primary task for the Shanghai Library East. As we expected, the Shanghai Library have been striving towards the goal. Since the opening of its new east library, the Shanghai Library has been implementing its applet, an important source for the readers to get access to the library resources on line. The interface of the applet is composed of reservation, inquiry, guidebook of the Shanghai Library as well as the borrowing and returning system. Readers will be able to get familiar with the library and enjoy the services with their mobile phone. Compared with normal application (APP), the applet is easier to reach as long as the reader's mobile phone is installed with We-Chat or Alipay. This symbolizes the start of palm library, making library easier to reach for the common public. The following graph is the elements consisted in the applet of the Shanghai Library.

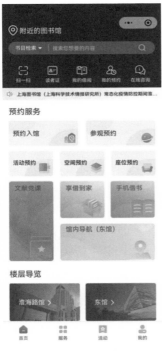

Front Page of
the Shanghai Library Applet

Meanwhile being sustainable is also a requirement for the Shanghai Library East. According to the updated Public Library Manifesto, library should contribute to the United Nations' sustainable development goals in the areas relating to information, literacy education and culture to the construction of a more equitable, humane and sustainable societies. To realize these goals, the Shanghai Library East has devoted greatly to technological construction[9]. Two most vivid examples are the application of POD and FOLIO.

POD is the abbreviation for Print on Demand. It can realize instant printing according to the demands of clients through digital means. The POD service launched by the Shanghai Library has made intelligent printing feasible with customized services provided. There's a POD Space in the Shanghai Library East. It introduces reliable, industry-leading high-quality service equipment, like Revoria Press PC 1120 newly produced by Fuji Film, which can provide high-quality printing

---

⑨   吴建中、岳铁艳译：今日公共图书馆之使命－公共图书馆宣言有哪些新的变化图书馆建设［J］2022-08-08

Module	Category	Function
Entrance Reservation	Reservation	Helping readers reserve the entrance (reservation is required these days because of the COVID) and the seat area before visiting the library and the reservation can be extended to lectures, the activities and the exhibitions held by the library.
Visit Reservation		
Activity Reservation		
Space Reservation		
Seat Reservation		
Guide of the Shanghai Library East	Guidance	With the Bluetooth applied, readers can get the detailed routes to the library and enjoy detailed introduction to the different floors and galleries.
Guide of the Shanghai Library West		
Documents and Lessons on CPC Development	Special Collection	On-line lessons on the CPC. Documents are available and plentiful documents are accessible.
Borrowing and Returning of Books: to your home	Readers' Service	Readers are able to borrow and return books with the registration on mobile phone and books will be delivered home.
Borrowing and Returning of Books: on your mobile		

Categories and Functions of the Shanghai Library Applet

(It is worthwhile to further our research on how the readers from other cultures like the applet and how we can make this tool more acceptable in other cultures. We will implement its functions and multiple language interface based on its world acceptance.)

services and book customization services for ordinary readers, and at the same time meet the graphic design requirements of professionals or institutions, and present rich printed products through post-processing. POD service takes the readers as the primary service object, shows the characteristics of print on demand service and POD equipment for individual readers and social groups visiting the library, and cooperates with various activities inside and outside the library to provide printed souvenirs such as invitations, postcards, certificates, etc. In addition, the POD service can conduct cross-border cooperation with publishers and other organizations to undertake the printing of authorized publications, such as selecting various classic best-selling books for customized production and displaying finished products with customized characteristics. It attempts to merge the plentiful library collection resources with customized documentation and aims at becoming a window to show the culture creativity industry in the Shanghai Library East.

FOLIO is acronym for the "The Future of Libraries is Open". It is a collaboration of libraries, developers and vendors building an open-source library services platform. "Library Services Platform" is a newer term that includes functionality that would have been part of previous Library Management Systems or Integrated Library Systems. FOLIO supports these traditional resource management functionalities and can be extended with additional "apps" to support other institutional areas[10]. The stakeholders of FOLIO are Open Library Environment (OLE), Index Data and EBSCO, and many libraries and related institutions in different countries have participated in this platform[11]. It was the China Academic Library & Information System (CALIS) that first introduced the FOLIO to China[12]. Currently, the Shanghai Library and its east site use a system called Yun-han[13], the new start-point of FOLIO in China, which adhering to FOLIO's concept and spirit of "open, cooperative and win-win", but have a set of practical strategies in line with China's national conditions and a business model in line with China's market rules. FOLIO and its Chinese system Yun-han symbolize the open and cooperative spirit of a modern library and has realized the localization of a global system in the market of China.

POD Space in the Shanghai Library East

Readers Experiencing POD Service in the Library

3 An Exploration on International Cultural Exchange of the Shanghai Library East

Promoting international cultural exchange is a mission of Shanghai Library. Window of Shanghai, a project for international cultural exchange is a leading project in this field and has become a brand project through years of development.

3.1 Development of International Cultural Exchange in Shanghai Library

The Shanghai Library has been paying attention to the international cultural exchange since the beginning of 21st century with the initiation of the Window of Shanghai (WOS in short), a project focusing on book donation to overseas libraries. It is regarded as a bright window for spreading Chinese culture to the world. For a long time, book donation is the central form of cultural exchange carried out by the WOS. The contract term with libraries abroad is usually three years with the first-year donation of 500 books to the overseas partners and then 100 or more at a yearly basis to ensure continuous growth of the collections. The theme of the books donated have covered the fields in contemporary art, cultural and folk traditions, history, nature and humanistic landscape, economics, philosophy, literature, cuisine, architecture, etc and have been translated into different languages in the world to meet the reading demands from overseas readers. From the early feedback, the staff of this project has been told that it has become a main channel for overseas readers to know the folk and customs in China especially that in Shanghai and it also plays the role of introducing the achievements in current China. The project has promoted the craze in Chinese learning and researches in Chinese culture. Through the years of its development, WOS has been implemented into a comprehensive project, with its forms extending to digital resource sharing and setting up cultural exchange centers in other countries. Besides, the Shanghai Library has been hosting the Shanghai International Library Forums (SILF) since 2002 and

---

[10] https://www.folio.org/

[11] https://wiki.folio.org/display/COHORT2019/Implementation+Details

[12] http://community.calis.edu.cn

[13] The LAN (Local Area Network) of the Yun-han system of the Shanghai Library is http://10.1.30.78/

holding international exhibitions and lectures for the promotion of cultural exchange.

The year of 2013 witnessed the Library's cultural exchange transformation as the WOS started the e-book donation (but of course the physical donation project is operated as before) with the launch of an e-library donation website based on the cooperation with some e-book companies in China.

The first batch of e-donation covered the topics in traveling, delicious food and fashion in China, which, through long-distance service can be accessible in countries that have established the WOS partnership with Shanghai Library and are willing to accept the e-books. The spread of COVID-19 in 2020 has accelerated the digitalization process with the realization in Single Sign On for more convenient access to the resources. Up to 2021 within the 177 partners all over the world, the most frequent visits to the digital websites was Peru, the United States, Canada, Egypt, Russia, New Zealand, Greece, Argentina and Germany. The most frequently searched words according to the background data include "Spring Festival", "Analects of Confucius", "Old Shanghai", etc. The statistics on the most popularly read on-line books by overseas readers have reflected that cultural and historical themes are most welcomed among readers.

The struck from COVID-19 has made the Shanghai Library realize the importance of removing the obstacles caused by physical limitation in cultural exchange. Since then, linking the social development with e-book promotion has been a strategy of the Library. In 2020 the WOS began to develop the e-donationin the form of themed-promotion. The first two themes included *fighting COVID -19, Keeping Healthy Life* and *Reading Lights Up the Future.* In 2021 the electronic reading themes focused on *Together with the Chinese Intelligentsia*, stressing the wisdom in ancient Chinese classics. In 2022 during the lock-down period in Shanghai, the Window of Shanghai furthered the promotion for e-books with different themes[14]. The following table shows the themes of e-books donated by the WOS in recent years.

---

[14]   http://windowofshanghai.library.sh.cn

Year	Theme	Book Emphasis
2016	The Story of Shanghai	Shanghai Story
2017	Travelling in China	Tourism and Scenic Spots in China
2018	Chinese Creation Myths	30 beautiful comic books on Chinese Creation
2020	Fighting COVID-19, Keeping Healthy Life	Prevention and Guidebook of COVID-19
2021	Reading Lights up the Future	Traditional Chinese Classics for Teenagers
2021	Together with the Chinese Intelligentsia	Works from Various Schools of Thoughts in Spring & Autumn Period
2022	Chinese Intangible Heritage	Introductions to Intangible Heritage
2022	Science, the Entrance to a Wider World	Scientific Works

3.2 International Cultural Exchange Mission for the Shanghai Library East

The development of cultural exchange programs in the Shanghai Library has set up a model for the Shanghai Library East, in which further implementation of international cultural exchange will be carried out. Meanwhile the approaching mega-reading era and the growing demands in multiform information will endow the Shanghai Library East with new missions in international cultural exchange.

● Intensified digitalization in resource sharing. The digitalized resource platform set up by Window of Shanghai is the beginning of digitalization in resource sharing with its contents confined to digitalized form of printed books. This can be seen as the preliminary stage in digitalization. As the new reading era is calling for a larger variety of forms in reading material, one of the missions for the Shanghai Library East is to amplify the resource forms in the database, making it into a comprehensive resource pool consisting both the transferred form from printed materials and the pure digital resource such as video clips, animation and pure digital publication.

● Closer interaction with overseas readers. Compared with traditional forms of interaction with readers, the Shanghai Library East will focus on more frequent on-line activities to bring the library and readers together. One of the missions is to break up the regional restrictions and the barriers caused by global pandemic for an increased feasibility to hold the interactive activities. This should be based on a highly accepted global communicative platform, which the Shanghai Library East is striving to construct.

- A more inclusive atmosphere. To play the role of cultural communication, a modern library should create an inclusive cultural atmosphere. The inclusiveness will not stop at building a spacious place for readers all over the world and having a large enough halls for international cultural conferences. It should go beyond the concrete environment to integrate inclusiveness into its atmosphere. This will raise demands for the book layout, the theme highlights and the staff qualifications for cultural exchange in a library. Only with this mission can the Shanghai Library East be adaptable for the cultural exchange in new reading era.

The Shanghai Library East has made some preparations for these missions. Some exhibitions have been planned to create the appropriate atmosphere for worldwide readers. One example is the exhibition of libraries in Northern Europe. The exhibition will focus on the city images and spiritual styles of 10 libraries in Northern Europe with the documents and books presented. Another example is the exhibition of World Readers. It will be exhibited in the Global City Room, a part of the Shanghai Library East, to present the reading images and stories from world readers.

4　The Strategic Conception for International Cultural Exchange of the Shanghai Library East

The Shanghai Library East will continue to pursue the task of international cultural exchange when it's open to the public. The grand space has guaranteed the availability of receiving visitors from all over the world and the staff of international department of the Shanghai Library will strive to make the cultural exchange program more adaptable to mega reading.

4.1　The Strategic Conception for Library's International Cultural Exchange in New Reading Era

The arrival of new reading era has brought changes to the library construction ideology and these changes will soon be witnessed in library's international cultural exchange. Located in the context of omnimedia and mega reading, library's international cultural exchange will be faced with a series of transition.

- The transition from face to face cultural exchange towards technology assisted cultural exchange. Most of the library's cultural exchange activities used to rely on certain concrete spaces for people to get together for communication. The new reading era has pushed the realization of technology assisted exchange activities which can lessen the reliance on the concrete space. This trend has also been strengthened through the demands during pandemic when concrete spaces were not so available. The 2020 SILF was successfully held in October 2020 with the assistance of internet technology. The presentations from scholars all over the world were given through live broadcast and cyber chat rooms were set up for in-depth discussion.

- The transition from book oriented exchange to culture oriented exchange. It can be seen that library's international cultural exchange task started from book exchange. For many years, book has been regarded as the main tool and media for cultural exchange. However just as culture is not confined to books, cultural exchange should also move towards a more cultural oriented form. Thanks to mega reading and the extension of cultural media, this can be realized. Currently The Shanghai Library is striving to optimize the donation channel for electronic resources in audio and video forms and highlighting the cultural exchange through on-line and off-line exhibitions.

- The transition from cultural delivery to cultural inclusiveness. Previously library's international exchange was based on the conception of delivering traditional cultural essence of our nation to others places in the world. This to some extent was also derived from the some surveys towards overseas readers on their interest. The single-way process of delivering and accepting has been the main mode of cultural exchange. When the new reading era has made it much more convenient for world readers to receive information on the specific culture of a certain nation, delivery will gradually give way to inclusiveness. In the future when overseas readers pay visits to the library or open the homepage of a library, they will be able to spot the elements of their own culture.

- Facing the challenges in the traditional exchange forms. Book donation if it continues to be the sustainable form of international cultural exchange, will have to meet the challenge from disinfection and the same challenge will also occur in the library's large collection of books that are used and reused by millions of readers. Co-existing with the corona virus, we shall embark on solving the disinfection problem for books and periodicals that must be well preserved and gotten rid of the possibility of being infected. This might still be a blank in library management but will be crucial for book donation in international cultural exchange.

Meanwhile the international cultural exchange department will go beyond its boundary and like its driving force, ubiquitous information society cultural exchange will also become ubiquitous and get into the blood of every librarian.

4.2   The Strategic Conception for International Cultural Exchange of the Shanghai Library East

Since its open to the public, most departments in the Shanghai Library East have been put into operation. However, the international cultural exchange of the Shanghai Library East, as a very important component of the Shanghai Library, is still on the way. It remains a question worthy of being noted as to whether there should be an independent department for cultural exchange at the east library or should it operate under the charge of its headquarter. While the organizational form of cultural exchange still waits to be discussed, we have formed some general anticipation for this task.

The background of omnimedia and the changes brought to library management has undeniably given us some hints on the cultural exchange tasks in the Shanghai Library East. We believe that currently the utmost urgent task is to blend *Intelligence* into cultural exchange. M. Aitolla from University of Oulu in Finland raised the idea of Intelligent Library in 2013. It referred to introducing mobile technology and intelligent perception into library service. Today the element *Intelligence* can also be applied in library's cultural exchange.

- Grasp the international readers' demand with the help of Big Data. From the library's database, we can obtain the detailed figures of international readers' reading habits, their likes and dislikes. Based on these, we will be able to provide reasonable guidance for their choices. The staff in international cultural exchange department will get polished in modern survey skills to realize long-distance feedback and accurate statistics on the results of resource donation, resource exchange and other types of cultural exchange activities. All these will be accomplished in highly efficient style with instant results and solutions ensured.

- A further development of palm library in international cultural exchange. With 5G technology, reading material has been moved onto the screens of smart phone and palm reading is already prevailing in the young generation. International Cultural exchange should also grasp this trend by studying the different communication systems all over the world and developing the customized palm reading mode for different systems. While it is still not so convenient for overseas readers to come to the Shanghai Library East due to the world pandemic, the possibility of easy reading on smart phone can inform them what are available in the new library.

- Solving the problems faced by the international readers in a highly intelligent approach. During the previous international cultural exchange activities, the staff in the Shanghai Library has received some inquiries from overseas readers on the intellectual property issue of donated electronic resources. The insufficiency in this domain has to some extent delayed their acceptance of our resources. However staying at the stage of paper made donation will make the cultural exchange lag behind. With the application of FOLIO, the Shanghai Library East will update the intellectual property management for electronic resources and help to push forward donation and exchange on electronic platform.

As we have anticipated above, ubiquitous international cultural exchange will rely on more intensive cross department cooperation in the whole library. Information from individual departments should be integrated and synchronized with the *Intelligence* fully applied in cultural exchange management. Thus the duty of cultural exchange management should be on the shoulder of more qualified library staff. The followings are what the staff and library management team should do to contribute to the cultural exchange management in the future.

- Polishing the international communication abilities of library staff. With the physical structure fixed and ready to open to the public, international readers will anticipate more from the staff that greet and give them guidance when they enter the library. Cultural exchange used to be under the charge of a certain department in the library with some staff specialized in foreign languages but with the arrival of immersive exchange, all the staff will have to be involved in the reception of worldwide readers. Thus the communication ability will be an essential skill for all the staff. This includes the foreign language skills and the comprehension in some fundamental elements of other cultures.

- Enrolling more international suppliers. Readers tend to spend a whole day in a library that really attracts them. If this is the case with the new library, we will have to consider the enrollment of suppliers. Canteen and drink bar are as necessary as usual for a whole day cannot go without food and drinks. In the Shanghai Library headquarter we see a small Starbucks and a Chinese canteen underground but this is not enough for international readers who seem not so used to Chinese cuisine. Apart from the food suppliers, the stationery corner, representing the cultural creative industries will also think about introducing some international brands or laying out some collaborative products with world famous brands.

- Scaling up the cultural experience for overseas readers in the library. Applying the scaling mode in performance and experience management used to be a common practice in commercialized fields in China but has also been introduced into the library management system in recent years by some libraries in the world such as the Aichiken Library in Japan to know the reality of readers' feeling on their experience. The practice is quite necessary for optimizing cultural exchange as we need to base our improvement on the readers' real thoughts. In China we can search the cooperation from some public social platforms such as Yelp where comment channels can be accessible to international readers.

- Helping to reduce the digital divide. In 1995 American Communication and Information Management Bureau raised this idea to refer to the difference people encounter when they get access to the digital world. Nowadays this idea is commonly applied to the generation difference in digital resource. However in a global perspective, difference cultures may also have different acceptance to the digitalization trend. For instance China has entered the 5G era with most communication devices automatically attached to the 5G network while some countries in the world are more adaptable to 2-4 G network. They may enter the new library without the suitable equipment to login and they may even feel puzzled about the payment systems in China. The international cultural exchange should help to reduce such digital gap with a clearer guidebook to the overseas readers and the service of international currency exchange should also be available.

Reference

1. 上海图书馆：上海图书馆建馆70周年文集［M］上海科技文献出版社2022
2. 吴建中、岳铁艳译：今日公共图书馆之使命-公共图书馆宣言有哪些新的变化图书馆建设［J］2022-08-08
3. 吴建中：建设智慧图，我们准备好了？上观新闻［EB/OL］［2022-08-08］https://export.shobserver.com/baijiahao/html/427628.html
4. Open Source Library Management Software | FOLIO Customization & Hosting［EB/OL］［2022-08-08］https://www.folio.org/customization-hosting/
5. 闭馆3个月，上海图书馆线上用户翻倍！上观新闻［EB/OL］［2022-08-08］https://export.shobserver.com/baijiahao/html/501547.html
6. 专题：继往开来上海图书馆东馆建设［EB/OL］［2022-08-08］https://mp.weixin.qq.com/s/VMI7I4BDXCVTdP6epC_6eA
7. 2019全国国民阅读报告［EB/OL］［2022-08-08］https://mp.weixin.qq.com/s/R-Onee_-Hl78UMgqwKmg_Q

江戸時代における西洋図書館の知識について

三浦　太郎

はじめに

　日本の図書館は、明治時代に西洋の図書館を範としながら制度化された。1860年（万延元）に万延元年遣米使節の一員として米国へ渡った森田岡太郎が『亜行日記』に「書籍館」の言葉を記して以降、1872年（明治5）に日本初の官立図書館である文部省書籍館が創設され、1875年（明治8）には「フリー・パブリック・ライブラリー」と海外に紹介された東京書籍館が設立された。そしてこれらを嚆矢としながら、人びとに利用公開された書籍館、のちの図書館、が徐々に設立されていった[1]。万延元年遣米使節や文久遣欧使節に随行し、1866年（慶應2）に『西洋事情』初篇を刊行した福澤諭吉が「西洋諸国の都府には文庫あり。「ビブリオテーキ」と云ふ」と紹介したことが[2]、近代的な図書館思想を（大きな影響力をもって）日本に紹介した最初であるとされている[3]。

　しかし、西洋の図書館についての知識は明治時代になって初めて得られたわけではない。幕末明治期に遣外使節の随員や留学生らによって欧米の文物が紹介されたが、それよりも前、江戸時代に、海外事情や外国語について記した書物を通じて、（細々とではあったかもしれないが、）西洋の図書館についても紹介されている。そしてそれは、明治時代に図書館の制度化が進むことの伏流となったと考えられる。それでは、江戸時代に書物を通じて得られた西洋図書館の知識とはどのようなものであったのだろうか。本稿では、江戸時代初頭から、幕末に遣外使節の一行らが海外を実地に見聞し始める1860年頃までを対

象に、近世日本における西洋図書館に関する知識の受容について考えたい。

　知識の受容のされ方には、四つを考えることができる。第一に、語学理解のために編纂された翻訳辞書を通じた理解である。『波留麻和解』(1796)や『ドゥーフ・ハルマ』(1816成稿、1833完成)を始めとする蘭和辞書などを見ることによって、西洋の図書館概念の単語的理解について知ることができる。第二に、翻訳された蘭書である。蘭学において中心的関心は、医学を筆頭とする自然科学の分野と幕末の軍事の分野であったが、『訂正増訳采覧異言』(1802)などの地理書に、単語的概念よりも具体的な形の図書館理解が示される。第三は、第二点とも関連するが、中国で作成された唐本地理書における記述である。また、ほかに第四として、実際に西洋を訪れた人びとが図書館を見学し、それについて日記などにしたためている。本稿では、欧米の文物が直接的な見聞によって紹介されるよりも前の状況に焦点を合わせ、主に第一から第三の方法について具体的に見ていく。

　この分野の先行研究としては、1960年代から70年代にかけて、翻訳辞典や唐本地理書に現れた「図書館」の訳語や、遣外使節の日記に記された図書館像について、永峯光名[4)5)6)]、斎藤毅[7)8)]、青木次彦[9)]らによる紹介がある。ただし、記述の取り上げ方やそれぞれの書物の位置づけが十分には検討されていなかった。以下、本稿では、まず江戸時代における蘭学研究の展開を整理し、その上で書物を通じた西洋図書館の理解について、改めて論じたい。海外に目を向けた知識人の手になる辞書・事典や地理書などの記述の中で、西洋図書館はどのように描かれ、どのように理解され得たのであろうか。そこでの知識が、明治時代における制度化の土台となったことについて確認したい。また、その際、近年の電子化の進展によって公開が進んでいる写本や刊本などのデジタルデータの活用を図る。

1　江戸時代における海外知識の受容

　江戸時代、鎖国下の日本において、人びとが海外知識を得る窓口となったのは長崎出島であった。幕府はオランダ・清とのみ交易を行ったため、得られる海外知識は限られた。西洋事情に関して知識を得る方法には、人を介したやり

方——蘭人（オランダ人でなくとも、日本に渡来した西洋の人びとを含む）から直接に聞き出すか、彼らから通訳を介して聞くか、もしくはすでに蘭人や蘭書から学んだ日本人から教わるか——と、書物を介したやり方——蘭書などを原典で読むか、もしくは唐本（漢籍）を仲立ちとして西洋文献を読むか——とのいずれかがあった。

　長崎出島に居留する蘭人に接して西洋知識を吸収することができたのは、その通訳を務めた和蘭通詞たちと、オランダ商館長の拝謁を受ける将軍および幕臣たちに、ほぼ限られていた。蘭書を原典で読むことができたのも、鎖国から一世紀ほどは、職業上オランダ語を学習した和蘭通詞とその周囲の人びとに限られていた。1630年（寛永7）、三代将軍家光によって禁書令が出されるが、その内容が、天主教義についての事柄に触れた唐本の輸入を禁ずるものであったことは、蘭書を原典で読み得る人びとが極めて少なかったという事情を反映している。

　鎖国下において得られた海外知識には、大きく分けて自然科学系と人文知識の二種類があった[10]。自然科学系の中心となったのは、キリシタン文化の伝来以来、主流を占めた医学である。長崎出島の和蘭通詞は医術知識にも長けており、また各地から医術修得のため長崎へ遊学する医師も多かった。江戸時代全般を通じて、西洋医学を吸収しようとする動きは盛んであり、単なる実用の学（技術学）にとどまらず、実理の学（科学）として理解された。江戸時代中期以降に考究の進んだ植物学や化学などを含めて自然科学一般が、これと同系列に把握される。一方、人文知識の中心は、西洋事情の研究であった。西洋の国情について記した地理書を中心としたが、封建的イデオロギーを相対化する可能性があり、幕府からの制約を受けた。対外危機意識の高まった幕末には、軍事砲術技術の紹介が活発となった。

　海外知識導入の担い手となったのは和蘭通詞であった。和蘭通詞は、年に一度、長崎港に蘭船が入港する際、商品の売買に立合い、商売用の書類の和解（翻訳）にあたったほか、商館長が江戸の将軍に拝礼する際に通訳として付き添い、ヨーロッパの科学・技術に関して医師や学者が蘭人に向ける質問の通訳などを行った[11]。なかには天文学や暦学、地理学など西洋学問の成果を吸収し

ようとする者もあった。とくに中野柳圃（志築忠雄）は『暦象新書』（1798-1802）を翻訳してニュートン力学を紹介したほか、18世紀ヨーロッパに日本を紹介したケンペル『日本誌』（1727）の一部を翻訳し『鎖国論』（1801）にまとめるなどした。

オランダ語を介した海外事情の研究、すなわち蘭学研究は、18世紀には長崎だけでなく江戸でも興隆が見られた。イエズス会宣教師によって記された『坤輿万国全図』（1602）、『職方外紀』（1623）といった中国渡来の唐本が、その知識源の一つとなった。長崎蘭学と江戸を結びつける端緒を開いたのは新井白石であった。白石は、鎖国下に来日したイタリア人宣教師シドッチを尋問し、その過程で得た海外知識に自らの意見を加えて、『采覧異言』（1713成稿、1725完成）、『西洋紀聞』（1715）をまとめた。そのうち『采覧異言』は、世界の地理や風俗について記した地理書であり、有識者の間で筆写され流布した。この中で白石は、幕府に蔵された『坤輿万国全図』の誤りまで正している。白石自身は外国語ができなかったので、唐本を土台とした白石の海外知識理解は、尋問の通訳を務めた和蘭通詞の今村英生を介して深められた[12]。

つづく八代将軍吉宗の治世には、医学や天文学をはじめとする諸分野の御下問が長崎奉行所になされ、今村英生がこれに対応した。また、西洋文物に関心を抱いた吉宗の命を受け、幕府の書物方であった青木昆陽が、江戸に参府するオランダ商館長や和蘭通詞のもとでオランダ語を学び始めた。昆陽において重要なのは、『和蘭文字略考』（1746）などを著すことによって、世襲制で受け継がれてきた長崎の和蘭通詞以外の者がオランダ語を学ぶ契機を生み出したことであった（ただし、当時の幕府の政策では民間人は横文字を書くことすら禁止されていた）[13]。

1774年（安永3）に『解体新書』を刊行し、本格的な西洋学術の研究を創始したとされる杉田玄白や前野良沢にしても、長崎に赴いて大通詞の吉雄耕牛に指導を受けており、和蘭通詞の蘭語知識から大きな影響を受けていた。

1786年（天明6）、その玄白・良沢に教えを受けた仙台藩医大槻玄沢が江戸に芝蘭堂を開くと、蘭医を中心に知識人が受講に訪れた。玄沢は、蘭学学習に関する心得を記した『蘭学階梯』（1783成稿、1788刊行）を著すなど啓蒙に努め、

多くの門下生が集まった。そのうち稲村三伯（海上随鴎）は、和蘭通詞であった石井恒右衛門の力を借りて、1796年（寛政8）に『波留麻和解』の草稿を完成させ、以後2〜3年をかけて30余部を順次刊行した。すでに和蘭通詞の西善三郎によって辞書作成の試みはあったが、蘭和辞書が作られたのはこれが初めてであった。ようやく、語学学習を支える辞書が登場し、学習者が蘭書を自力で読むことが可能となったのである[14]。長崎でも後年、19世紀になってから、オランダ商館長ドゥーフの主導のもと、蘭日辞典『ドゥーフ・ハルマ』が編纂された。

　大槻玄沢門下には山村才助（昌永）もいた。山村は白石の世界地理書『采覧異言』に校訂を加え、1802年（享和2）に『訂正増訳采覧異言』を完成した。同書では、ヒュブネルのものをはじめ、西洋の地理書が多数引用されており、前野良沢や桂川甫周の著したロシア事情書も含めて、海外事情書の集大成という位置づけであった。

　1808年（文化5）、英国軍艦が長崎に強行入港するという、いわゆるフェートン号事件が起きた。かねてからのロシアなど異国船来航も影響して、幕府において海外知識の積極的な理解が重要視されるようになり、同年、和蘭通詞の馬場佐十郎（貞由）が幕府に迎えられた。幕府では一世紀以上前、1684年（貞享元）に、西洋天文学の大略を記した唐本『天経惑問』（1675頃）を参考に貞享暦を作成した渋川春海（安井算哲）を初代天文方に据え、以来、天文方において西洋造暦技術の修得が進められていたが、馬場を迎え、広く世界情勢、西洋事情を研究する機関として、この天文方を位置づけ直したのである[15]。

　馬場の江戸招致によって語学水準の高まりが見られ、当時「紅毛学第一」と謳われた医学の宇田川玄真が指導を受けたほか、日本初の化学書『舎密開宗』（1837）の訳述や植物学で知られた宇田川榕庵や、日本初の物理学書『気海観瀾』（1825）を著した青地林宗が輩出されるなど、蘭学の専門分化が進むこととなった[16]。ここには、馬場の通詞としての蘭学知識が幕府のもとで公的・組織的に継承されていく意味が認められよう。

　1811年（文化8）には、天文方に和蘭書籍（蛮書）和解御用という翻訳局が置かれ、馬場は家庭百科事典『厚生新編』の翻訳を命ぜられた。この翻訳は、幕

府がヨーロッパの科学、文化を摂取して、人びとの厚生殖産をはかろうとする意欲の表れであり、西洋世界像全体の理解が図られた点で画期的な事業であった[17]。ただし、完成をみたのは1839年（天保10）頃であり、シーボルト事件や蛮社の獄といった世情の中で、『厚生新編』は公儀秘書として扱われ、世に広められることはなかった。

　西洋知識を得ようとする際に和蘭通詞は重要な仲立ちであったが、彼らを介して知識の修得に努めたのは、圧倒的に医師（藩医や幕府医官）が多かった。蘭学を学んだ医師が地方で私塾を経営する場合も多く、彼らは地方における西洋知識の伝播者となっていった[18]。天保期から幕末にかけて江戸に象仙堂、適々斎塾をそれぞれ開き、俊英を輩出した伊東玄朴や緒方洪庵も、蘭医として西洋知識を吸収していた。また、薩摩藩、中津藩、福知山藩を草分けとして、江戸時代中期以降は諸藩においても蘭学の摂取が試みられていた。

　幕府の翻訳局では、蘭学者から訳官が登用されていたが、特に中国大陸でアヘン戦争が起きて以降、国内において海防急務の認識が強まると、軍事方面を中心として西洋知識獲得のための翻訳が行われるようになった。1853年（嘉永6）、ペリーが江戸近海の浦賀に来航したことが契機となって、幕臣子弟の内に語学能力を有し外交をよくする者を養成するため、1855年（安政2）に天文方の和蘭書籍（蛮書）和解御用は洋学所として独立し、翌年、これが蕃書調所と改称された。教官には各藩から召された陪臣が多く、翻訳を第一義的な仕事とした。諸藩士にも入学が許可され、教授内容も語学修得から諸学問の理解へと広げられた。幕末になって、組織的な西洋事情理解の体制が整えられたのである。蕃書調所はその後、開成所から、明治時代には東京大学へと受け継がれてゆく。

　鎖国体制が崩れ開国を迎えるとともに、和蘭通詞を介したり書物によったりするという西洋理解のあり方に加え、日本人が自ら海外へ出国し見聞を広める方法も可能となった。幕府は、1860年（万延元）に日米修好通商条約批准のため遣米使節を送ってから、1867年（慶応3）にパリ万国博覧会参加のため遣仏使節を送るまで、六度の遣外使節を送っている。また、1866年（慶応2）に渡航禁止令は解禁されるが、それ以前に長州藩や薩摩藩など各藩は秘かに海外へ

留学生を派遣した。漂流し米国船に助けられたジョン万次郎のような場合とは異なり、西洋文化を学ぼうとする者たちによる自発的な渡航であった。

2 辞書を通した図書館理解

　西洋の事物が理解される経路として、大きくは翻訳書と実際の見聞との二つが存在する。本稿では書物による理解を取り上げるが、まずは辞書を見ておきたい。

　すべての辞書に当てはまることであるが、「図書館」のようなある項目が立てられるのは、数千から数万語に上る言葉の中のわずかに過ぎない。辞書の項目として立てられたからといって、読み手がその知識を得たとは即断できない。また、表現される内容にも分量的な制約がある。しかし、"Boekery" なり "Library" なり "Bibliothek" なり、西洋の図書館に相当する概念を日本語でいかに表現しようとしたのかを見ることはできる。そうした表記のうちには、日本の文庫などと比して、西洋の図書館がどのように認識されたのかを明らかにする手がかりが得られることもあると考えられる。

　ここで、中世から近世終わりにかけてのヨーロッパにおける図書館の展開について簡単に触れておく[19]。中世の時代からヨーロッパ各地に修道院が設立され、聖書などラテン語の教会文献を中心とする数百冊規模の蔵書が納められた。修道院図書館は11-12世紀に教育の中心的機関として発展したが、大学の勃興とともにその役割は減少していき、16世紀には宗教改革の広がりによって壊滅的な打撃を蒙った。その結果、修道院図書館の蔵書の多くは、大学図書館や都市の図書館の蔵書に拡散した。ただし、例外的に、反宗教改革の拠点となったイエズス会では、学問所や修道院図書の拡充が図られた。16世紀後半、イエズス会宣教師は中国や日本において積極的な布教活動を展開し、西洋知識を紹介した。

　16世紀絶対王政の時代になるとフランスで初めて王立図書館が建設され、図書館の形態としてバロック建築に見合った大広間様式のものが現れた。後述するように、翻訳書などの中で西洋の図書館が「書室」などと表された背景には、西洋諸国における大広間様式の展開があったものと考えられる。さらに、

17世紀には図書館を公開するという考えが広がり、貴族の図書館などにおいて実践された。こうした公開図書館の蔵書は1万冊規模に拡充され、18世紀に入ってもなお有力であった。18世紀には英米で会員制図書館が現れ、19世紀半ばに図書館法が立法化された。税に基づいて一般住民に無料公開される近代パブリック・ライブラリー制度化の端緒となった。

2.1 キリシタン辞書

海外の図書館に関して、記述が残されている最初期のものは、鎖国以前キリシタン時代に編纂された『羅葡日辞典』および『日葡辞書』である。もっと前、1560年代前半頃に、宣教師ダ・シルヴァが日本語文典・辞書の編纂を行ったことや、宣教師フェルナンデスが日本語・ポルトガル語の語彙集を作成したことが書簡から知られるが、実物は現存しない[20]。16世紀後半には各地の学林（コレジオ）や神学校（セミナリヨ）で文典や辞書を用いた日本語教授が行われた。

現存する最も古い外国語辞典は、1595年（文禄4）に天草のイエズス会から刊行された『羅葡日辞典』（*Dictionarivm Latino-Lvsitanicvm, ac Iaponicvm*）である。これは、ヨーロッパで数多く出版されたカレピーノのラテン語辞書をもとに作られたもので、総語数は32,000語を数える。1502年に刊行されたラテン語辞書をもとに、ヨーロッパの活版印刷技術を用いて刊行され、日本での利用のために一部省略されて編纂された。

すでに永峯や斎藤も紹介しているが、ラテン語の "Bibliotheca"、"Libraria" に、ポルトガル語の "Liuraria" が当てられ、「Qiǒzǒ」すなわち「キャウザウ」と訳されている[21]。これは「経蔵」を意味しており、一義的には仏教の経典を納める場所と解釈されるが、宣教師がキリスト教聖書を仏経典に比定して捉えたと考えるのが自然であろう。『妙貞問答』（1605）のようなキリシタン書では、「「キリシタン」ノ経書」のように聖書を指して「経書」と書かれる[22]。寺院文庫のようなイメージを持たれたことが推定されるが、「文庫」という用語は採られていない。

海外知識の理解の点から重要なことは、この『羅葡日辞典』が和蘭通詞の手

で継承されていたことである。1652年（承応元）、オランダ使節の四代将軍家綱にたいする謁見に同行したスウェーデン人ヴィルマンは、江戸で大目付の屋敷に招かれ、天草出版の「ラテン語、ポルトガル語、日本語の三カ国辞典」を見せられたことを記している[23]。また、スウェーデン人の植物学者ツンベルグも、1775年（安永4）から翌年の間に、和蘭通詞から「拉典、葡萄牙及日本語の辞書」を見る機会を得ていた[24]。

　いま一つの現存する古い外国語辞典は『日葡辞書』（*Vocabvlario da lingoa de Iapam com adeclaracao em Portugues*）である。『羅葡日辞典』と同様に収録語は日常語が中心であり、本編と補遺でやはり32,000語を超える。1603年（慶長8）に長崎のイエズス会から刊行され、「Qiŏzŏ. Xoqiŏno aru cura」すなわち「キャウザウ．ショキャウノアルクラ」の訳語にポルトガル語“Liuraria”があてられている[25]。斎藤も指摘したように、“Qiŏzŏ”は『羅葡日辞典』の場合と同じく「経蔵」を意味すると解され、訳語の意味は「諸経のある蔵」とされている[26]。ただし、『日葡辞典』の項目には、「Qiŏ」すなわち「キャウ」もあってポルトガル語の“Liuro”の意味であるとされている。「経」は「書籍一般」を含みうる概念であったが、第一義として「聖書・経典」が想起されたのではないかと理解される。

　注目されることに『日葡辞書』では「文庫」を別項目として立て、「Bunko. Fumino cura.i Cura.」すなわち「ブンコ．フミノクラ．クラ」として、“Lugea, ou sotaō para meterfato liuros, etc.”と説明している[27]。これは「日用品や書物などを入れるための庫」という意味である。斎藤によれば、「キリシタンの宣教師やその周辺の日本人は、当時の図書館を、聖典の置き場所と見る反面、宗門とはまったくかかわりのない外典をも含む「書籍（ショジャク）」を納れる場所——つまり「文庫、ふみのくら」——をも図書館とみていた」とされる[28]。

　この点、さらに検討すれば、当時の「図書館」に二つの概念があったというよりは、西洋の言葉を日本語に置き換えていく『羅葡日辞典』編纂時には、西洋の図書館に比定される用語として「経蔵」が選ばれたものの、日本の言葉をポルトガル語に置き換える『日葡辞書』編纂時には、寺社の「経蔵」以外にすでに日本に存在している「文庫」をどう扱うかが意識に上り、別項目を立てたと考えるのが妥当なのではなかろうか。すなわち、西洋の“Liuraria”が聖書と親

和性の強い概念として意識され、それに対して書物一般（や日用品まで）を収める場として想起されたのが、日本の文庫であったと考えられる。

　なお、キリシタン系の辞書にコリャード編『羅西日辞典』（1632）もある。日本におけるキリスト教布教を独占していたポルトガル系のイエズス会を追って、スペイン人を中心とするドミニコ会も布教活動を行ったが、コリャードはこのドミニコ会の宣教師であった。『羅西日辞典』は、彼が帰国後にローマで刊行したものである。"Bibliotheca" の訳として「quo no voqu fadamatta tocoro.」すなわち「キャウノオク　サダマッタトコロ」、"libraria" の訳として「qiodana. qio no vofame docoro.」すなわち「キャウダナ. キャウノオサメドコロ」とされている[29]。「経の置く定まった所」、「経棚。経の納め所」の意と解することができる。

2.2　蘭日辞書
2.2.1　『波留麻和解』
　鎖国後はキリシタン辞書に代わってオランダ語の辞書が要請されるようになる。長崎の和蘭通詞たちは、マーリンやハルマの蘭仏辞典を参考にし、日本語への翻訳に関しては、各個人が語彙集程度のものを用意した[30]。長崎の蘭日辞書の嚆矢は、1833年（天保4）にハルマの蘭仏辞典をもとに完成した『ドゥーフ・ハルマ』（『長崎ハルマ』とも呼ばれる）であった。江戸でもやはり語彙集のようなものが存在し、個人的ノートに近い青木昆陽の『和蘭文字略考』や、日常単語も含めた宇田川玄随『西洋医言』などが作成された。1796年（寛政8）に長崎に先駆けて、日本で最初の蘭日辞書である『波留麻和解』（『江戸ハルマ』とも呼ばれる）の草稿が完成し、以後2〜3年をかけて順次刊行された。

　『波留麻和解』は、ハルマの蘭仏辞書を和蘭通詞であった石井恒右衛門と稲村三伯が翻訳し、二人に加え宇田川玄随らの手で校正編集されたものである。後年の『ドゥーフ・ハルマ』が和蘭通詞の実用的語学力向上のため、日常語を中心として編まれていることと対照的に、『波留麻和解』は蘭書理解に資する目的で編纂されている。およそ8万語が収められる。図書館に関わる単語としては、すでに永峯、斎藤が記しているように、"boekery" に「書庫」、"boekekas"

に「文庫」、"boekekamer" に「学文処」、"boekzaal" に「書ヲ集メ飾リ置ク処」といった訳語が当てられている[31]。

キリシタン系の辞書と異なり、「経蔵」の表記はなく、広く "boek"（書籍）の保存される庫（クラ）であるとか、学舎といった意味合いが受け取られる。そうした書庫などの具体的な姿について思い描くことは不可能であったと思われるが、西洋にも相当する施設が存在することは知られたのである。ただしその普及について、現存する各刊本の保存状態の良さからして、当時さほど手に取られてはいなかったのではないかと指摘されている[32]。

なお、現存する東大本、早大本、佐倉本などの刊本には、三伯らの編集した元々の『波留麻和解』の姿を伝えると断定できるものはない。なぜなら、刊本は見出しだけが木活字で印刷され、訳語は後に書き入れられており、所有者が各自各様な増補・訂正を行うことが可能となっていたからである[33]。"boekery" の訳語に関して、初印本に近いと考えられる東大本に依った永峯が「書庫」、再刻本の系統と考えられる静嘉堂文庫本に依った斎藤が「書庫。書物ヲアツメオク処」とそれぞれ紹介しているが、それもこの理由による。本稿では「新日本古典籍総合データベース」を用いて、静岡県立中央図書館葵文庫所蔵の、初印本に近いとされる写本（静岡本）を確認している。

ついで、1810年（文化7）に、三伯門下の藤林晋山が『訳鍵』を刊行した。晋山は独自に蘭学を学ぶ過程で『波留麻和解』を購入し、三伯が京都に移り住むとともに門下に入っている。『訳鍵』は『波留麻和解』における煩瑣を解消するため、収載語彙を約25,000語に減らすとともに、マーリンの蘭仏辞書などに依って必要事項の増補も行っている。

図書館関連の訳語は『波留麻和解』とほぼ同じで、"Boekery" に「書庫」、"Boekekas" に「書筥」、"Boekekamer" に「学室」、"Boekzaal" に「書室」と当てている[34]。"Boekzaal" が「書ヲ集メ飾リ置ク処」から「書室」とされ、部屋であることが明記されている。参考までに、『波留麻和解』や後述の『ドゥーフ・ハルマ』の底本となったと考えられているハルマの蘭仏辞書第2版（1729）を見てみると、"Boekzaal, z.v. Bibliothèque, chambre ou sale aux livres." であり[35]、後段の "chambre" や "sale (salle)" から、『訳鍵』に示された「書室」の用語は妥当で

あろう。ちなみに、前段の"Bibliothèque"に相当する説明として、"Boekery"に"Boekery, z.v. Versamelde boeken. Bibliothéque, assemblage de livres."と「書物の集まり」という意味が記されている。

『訳鍵』は実用的な使いやすさの点から流布したようで、和蘭通詞の吉雄俊蔵が翻訳に使用したり、高野長英や市井の蘭学者が筆写本を所持したという[36]。少なくとも百部が刊行され、蘭学初学者にとっての福音となった。

2.2.2 『ドゥーフ・ハルマ』

その後、長崎でも、1811年（文化8）頃、和蘭通詞全体の語学力向上を目指したオランダ商館長ドゥーフによって、吉雄権之助ら11名の通詞の助力のもとで蘭日辞典編纂が開始された。1816年（文化13）に一部が完成し、翌年にドゥーフが帰国してからも和蘭通詞たちが作業を引き継ぎ、1833年（天保4）に全体が完成した。『波留麻和解』と同様にハルマの蘭仏辞典を底本に用いており、『ドゥーフ・ハルマ』と呼ばれた[37]。図書館に関する事項は、"boekerij"に「書物集メ置ク所」、"boekekas"に「書物戸棚」、"boekekamer"に「学問所」、"boekzaal"に「書物ヲ集メ置ク所」とある[38]。

これまでの研究では、斎藤が静嘉堂文庫の大槻文庫をもとに、「訳語に空白部分が多」く、"boekkeery"（ママ）に「学問所」、"boek"に「書物及帳面又本」の記述があることのみを確認している[39]。永峯は「筆者が閲覧できた東大本ゾーフはboek...のところのない不完全本であった」と記しているほか[40]、後日調査で早大本から上記の4つの単語を確認した上で、「Libraryの訳として1880年頃まで行なわれた「書物を集めおく所」の源は本書である」ことを指摘している[41]。ただし前述のように、『波留麻和解』の刊本の中で"boekery"に「書物ヲアツメオク処」と訳語を当てたものもあり、この成立が18世紀末の可能性があることから、断定はできない。

『ドゥーフ・ハルマ』は、江戸時代最大の蘭日辞典とされ、長崎・江戸を問わず、蘭学者の学習に利用された点で極めて重要であった[42]。特に、江戸の蘭学者宇田川玄真の所有した『ドゥーフ・ハルマ』は、玄真の私塾である風雲堂において書写され、坪井信道ら門下生を介して、多くの蘭学者の利用すること

となった。長崎から幕府へ招聘された和蘭通詞の馬場佐十郎も、江戸でこの写本を書写している。また、坪井信道門下には緒方洪庵がおり、彼が大坂に開いた適々斎塾においても、学習用辞書として『ドゥーフ・ハルマ』は用いられた。

洪庵門下の福澤諭吉は、適々斎塾での辞書使用の様子をこう回想している。

> 此処にヅーフと云ふ写本の字引が塾に一部ある。是れは中々大部なもので、日本の紙で凡そ三千枚ある。……是れは昔、長崎の出島に在留して居た和蘭のドクトル　ヅーフという人が、ハルマと云ふ独逸［ママ］和蘭対訳の原書の字引を翻訳したもので、蘭学社会唯一の宝書と崇められ、夫れを日本人が伝写して、緒方の塾中にもたつた一部しかないから、三人も四人もヅーフの周囲に寄合て見て居た。夫れからモウ一歩立上ると、ウエーランドと云ふ和蘭の原書の字引が一部ある。それは六冊物で和蘭の註が入れてある。ヅーフで分らなければウエーランドを見る。所が初学の間はウエーランドを見ても分る気遣はない。夫ゆゑ便る所はただヅーフのみ。
>
> ……ヅーフ部屋と云ふ字引のある部屋に、五人も十人も群をなして、無言で字引を引きつゝ勉強して居る[43]（引用者が適宜、読点を補い、旧漢字を新漢字に改めた）。

福澤の西洋理解の土台の一つに、『ドゥーフ・ハルマ』をはじめとする翻訳書のあったことが見て取れる。

蕃書調所の教授となった杉田成卿は、1856年（安政3）に『荷蘭語林集解』を校訂したが、これも『ドゥーフ・ハルマ』の一写本であった[44]。『ドゥーフ・ハルマ』は江戸時代最大の蘭日辞典であり、その影響もあってのことであろう、この「書物を集めておく処」として図書館の訳語にあてることが、明治時代に入ってからも翻訳辞典類に頻繁に見られている。

『ドゥーフ・ハルマ』からは諸写本が生み出されたが、それらを集大成したのが『和蘭字彙』である。幕末にかけての時期、特に中国大陸でアヘン戦争が起こって以降、国内において西洋知識を吸収しようとする動きは高まりを見せ、オランダ語を介して西洋事情に通じようとする人びとも増えていった。幕末の開国論者として知られる佐久間象山は、1849年（嘉永2）、藩主に意見書を

提出し、西洋学術を知る基礎として『ドゥーフ・ハルマ』を刊行する許しを得ようと試みた。象山は『ドゥーフ・ハルマ』の重要性を認識し、書写を行うには時間がかかりすぎるので、公刊してオランダ語学習に資することを願い出たが、結局、儒学者からの反対があり、許可は下りなかった。しかし、安政年間（1854-60）になって、幕府の医官であった桂川甫周らが『ドゥーフ・ハルマ』の諸写本を大成した刊本として『和蘭字彙』を刊行したのである[45]。すでに江戸で『波留麻和解』が刊行されていたにも関わらず『ドゥーフ・ハルマ』が選択されたのは、後者では、訳語が日常語であって分かりやすく、例文も忠実に訳出されていたためと考えられている。

　『和蘭字彙』はほとんど『ドゥーフ・ハルマ』と同一であるとも言えるが、図書館の訳語に関しても、"boekerije"、"boekzaal"が「書物ヲ集メ置ク処」と訳されるなど、4つの用語がそのまま踏襲されている[46]。

　以上、蘭日辞書の系譜を見てきた。図書館に関して、「書物を集め置く処」という記述では、その設置場所や規模、利用の有無や利用可能な人びとなどの事柄について知る由もないが、少なくとも、西洋にも日本の文庫に比定されるような書物を収集する場のあることは知られたと言える。

2.3　その他の対訳辞書

　オランダ語以外の対訳辞書にも触れておきたい。江戸時代後期、外国語学習の契機となったのは1806年（文化5）のフェートン号事件であった。すでに18世紀末葉以来、米英露の外国船が日本近海に接近していたが、この年、英国船フェートン号が長崎に強行入津し、食糧貨物を強奪した。この責任を取って長崎奉行の松平図書頭は自殺を遂げ、事態を重く見た幕府は、和蘭通詞たちに、英語、ロシア語、フランス語の学習を命じたのである[47]。

　英語に関しては、商館長ドゥーフの配下にあったブロムホフのもとで、和蘭通詞の本木正栄を中心に学習が進められた。1809年（文化6）に、初学的な単語を収めた『諳厄利亜興学小筌』が作成され、その後、セウエルの英蘭辞典をもとに英和辞書『諳厄利亜語林大成』(1814) が訳編された。すでに斎藤も紹介したように、図書館について "Library" に「リブレリ」と読みがなが振られ、「書

房」の訳が見えている[48]。「書室」と同様、部屋を表している。なお、この英和辞書は蕃書調所に納められるとともに、水戸彰考館でも写本が利用された。

　ロシア語に関しては、すでに桂川甫周『北槎聞略』(1794) において語彙集が作成されており、大槻玄沢もその著『環海異聞』(1807) にロシア語を収載している。和蘭通詞の馬場佐十郎は、1808年（文化5）に大黒屋光太夫からロシア語の初歩を学び、5年後には、国後島で捕らえられたゴロヴニンと直接に話す機会を得た。その対話の過程で、従前の露和辞書の校訂を行ったようであるが、現存する語学書はない[49]。フランス語に関しては、やはり本木正栄がドゥーフの指導を受け、マーリンの辞書を下地にして、1817年（文化14）に発音・単語を記した『払郎察辞範』、文法・会話集『和仏蘭対訳語林』を訳出している。

　1811年（文化8）、幕府天文方に和蘭書籍（蛮書）和解御用が置かれ『厚生新編』（後述）の訳纂が開始された。同時期に、江戸時代最大の蘭日辞書『ドゥーフ・ハルマ』の編纂が長崎で開始され、ドゥーフ帰国後も翻訳作業が進められる一方で、他の外国語辞典の編纂の動きはほとんど見られなかった。例外的に、大江春塘『バスタールド辞書』の訳纂があった。1822年（文政5）に江戸で開版されたもので、馬場佐十郎が校訂を行っている。バスタールド（BASTAARDT）の義から、原書は、オランダにとって外国語となる語彙を集めた蘭語辞典の意である。この辞典の翻訳も、オランダ語の枠を超えた西洋理解の一環として把握することが可能であろう。約7,000語を収めるが、この中に「Bibliothegue 書笥, 書庫」(-gue はママ) の訳が見られる[50]。

　その後、アヘン戦争で清国がイギリスに敗れた報が伝わると、幕府は、1825年（文政8）に出していた異国船打払令を廃し、1842年（天保13）、薪水給与令を出して対外政策を軟化させた。それと平行して国防政策の充実が図られたが、特に1853年（嘉永6）にペリーが浦賀に来航して以降、海軍伝習所や蕃書調所が設けられ、海外知識の組織的な導入が試みられるようになった。外国語学習に関して、対訳辞典編纂の動きが再び活発化した。

　その始めとして、安政年間（1854-60）に、村上英俊によって数か国語の対訳辞典である『三語便覧』(仏英蘭（日）語)と『五方通語』(仏英蘭羅日語)が編纂された。英俊は、江戸の蘭学者である宇田川榕庵に学んでおり、両書ともオラ

ンダ語を下敷きに成立している。これらに、図書館に関わる項目は見られない
が、英俊が1864年（元治元）に刊行した『仏語明要』では、"Bibliothèque"に「書
物ヲ集メ置ク所　書庫」の記載が見られる[51]。蘭日辞書の記述が踏襲されてい
る。『仏語明要』は、明治時代に入ってから、松代の兵制士官学校において仏語
教科書として使われるなどした。

　1860年（万延元）には、福澤諭吉が『増訂華英通語』を出版した。福澤は同
年、木村摂津守に従い渡米を果たしているが、清国人子卿の著した『華英通語』
を彼地で購入し、帰朝後、日本語の訳語を付して出版したのである。ここで
は「房室類」の中に"Library"を挙げており、「ライブレリ」の読みがなを付して
「書楼　ショモツグラ」の訳語を当てている[52]。建物を表す「楼」という訳語の
当て方は、後述する魏源『海国図志』（1842）にも見られているところで、これ
を「ショモツグラ」としている。

　1862年（文久2）には、和蘭通詞を務めた堀達之助を中心に洋書調所教授方
の手で『英和対訳袖珍辞書』が刊行され、『和蘭字彙』の日本語訳を踏襲しなが
ら英訳が進められている。"Library"に「書物ヲ集メ置ク所」の訳が見え[53]、こ
れは『和蘭字彙』における"Boekery"や"Boekzaal"の訳語と同じである。袖珍辞
書系統の諸本では、"Library"の訳語は「書物ヲ集メ置ク所」で統一されている。

　以上、辞書に現れた西洋図書館の概念に関してまとめると、江戸時代初頭、
禁教政策が採られる前後の時期には、経典を中心に様々な書籍が納められる
「経蔵」としての理解が主体であったが、鎖国下において、経典と関連づけら
れた図書館理解は見られなくなった。それに代わり、主に蘭仏辞典の解釈を通
して、書物を保存する空間としての理解がなされていく。「書物を集め置く所」
が広く用いられ、このほか「書庫」や「書楼」、部屋を表す「書室」や「書房」、
空間を限定した「書物戸棚」、「書笥」が用いられた。簡潔な表現の制約から、
その内実、例えば蔵書の規模や利用の度合といった事柄が想起されることは不
可能であった。

2.4　『厚生新編』

　辞書以外、事典に図書館の項目が取り上げられたものとして、幕府翻訳局

が中心となって訳纂した『厚生新編』を挙げることができる。『厚生新編』は、1709年にショメールの著した家庭百科事典を、オランダ人デ・シャルモが翻訳増訂した *Huischou delijk woordenboek* をさらに日本語訳したものである。馬場佐十郎の手になる翻訳大意に、「天下に公けに布かせ給ひ、不学文盲なる野夫工職の輩に至るまで、遍くこれを読みて能くこれを理会し、其用を利せしめんとなれば和解文法通俗平和を専らとすべし」と記し、万人への理解を目指したことが記されているが、当時としては異例の宣言であった[54]。

全70巻から構成され、当初、ABC順の配列を採用せず、新たに意味分類によって項目を分ける——例えば、植物は「生植部」、医療は「医療法方部」、病は「疾病部」などとし、それらの部立てに項目を収め、一つないし複数の部立てで一冊とする——ことが目指されたが、やがて未整理のまま「雑集」と名づけて一冊とする例も見られるようになった。

1818年（文政元）、大槻玄沢と宇田川玄真によって訳校が完了した第19巻に「文庫」の一項が設けられている。すでに斎藤も紹介したように、「文庫 羅葡「ビブリオテーキ」和蘭「ブッケレイ」と名く」の項目が立てられたのち、「ブッケレイ 群籍を入るの書筐を蔵すの室をいふなり」と記され、その後はもっぱら「風気を洞通すべし」、「書筐に造る所の木材を択む事一大肝要なり」、「時々樟脳を焚きて其煙を以て薫すべし」というように、書物の保存方法や虫害についての記述となっている[55]。西洋図書館の紹介を目指したものでないことは明らかであるが、シャルモの事典と比較しても[56]、原文を短縮しての翻訳ではなかった。『厚生新編』では、シャルモの事典における項目のすべてが訳出されてはいないが、こうした書物の保存方法などが翻訳者の関心に合致するものであった。

『厚生新編』の普及に関しては、翻訳大意における決意とは裏腹に、訳稿のままに幕府御秘書として所蔵された。ただし、翻訳者の一人であった大槻玄沢は『厚生新編』の写しを藩庫に納入し、1823（文政6）年には、その活用を図るため、『生計纂要』と改題して藩校養賢堂に移管している[57]。しかし、こうした例外を除いて、その利用は極めて限られていたと思われる。

3 世界地理書を通した図書館理解

　図書館概念に関して、「書物を集め置く処」という訳語からは漠とした意味合いしか描かれ得なかった。江戸時代の日本人が西洋の図書館を思い描くには、別の知識源が必要であった。次に、中国から船載されたり、日本の人びとが訳纂したりした世界地理書について見ていく。世界地理書とは、その名の通り、世界各地の風土や地勢について書かれた書物の意味であるが、西洋の都市や宮殿を記述した箇所に図書館が描かれている場合がある。江戸時代の日本に現れた世界地理書には、漢籍や蘭書の翻訳が多く、日本人が実地に調査した研究は北方探検のものに限られた。漢籍の多くは、明末清初以来、中国で普及活動を行った宣教師の手で著された書であり、長崎に船載され、漢文の教養を有する江戸時代知識人に伝えられた。蘭書の翻訳は和蘭通詞や江戸の蘭学者を中心に行われたが、『訂正増訳采覧異言』において、蘭書を土台にしながら漢籍や国書を総覧するという融合的な形態が採られた。

3.1 『職方外紀』

　鎖国下における海外知識吸収の窓口となった長崎では、和蘭通詞の手で海外事情に関する覚書が残される場合もあった。大通詞であった林道栄が1688年（貞享5）に記した『異国風土記』はその一つであり、長崎の天文暦算家であった西川如見が、1695年（元禄8）にこれを『華夷通商考』として刊行した。日本人の手で出版された最初の海外地誌であった。1708年（寛永5）には『増補華夷通商考』が刊行されたが、これは、イタリア人宣教師アレーニ（艾儒略）が1623年に著した『職方外紀』を参照して『華夷通商考』を改訂したものであった。『増補華夷通商考』には図書館の記述は見られないが、『職方外紀』には見るべき記述がある。著者アレーニは、『万国坤輿全図』を著したマテオ・リッチの後進にあたるイエズス会宣教師であり、1623年にこの『職方外紀』を著して明末中国に西洋知識を伝えた。

　図書館に関して、『職方外紀』巻二「欧州総説」に以下のように記される。

　　　其諸国所読書籍、皆聖賢選者、従古相伝、而一以天主経典為宗、即後賢
　　有作、亦必合干大道、有益人心、乃許流伝国内、亦専設検書官、看詳群

書、経群定訖、方准書肆刊行、故書院積書、至数千万巻、母容一字蠱惑
人心、敗壊風俗者、其都会大地、皆有官設書院、聚書於中、日開門二次、
聴士子入内抄写謡読、但不許携出也[58]。

　（その諸国読む所の書籍、みな聖賢の選者、古より相伝す。一つに天主
経典をもって宗となす。すなはち後賢の作あるもまた、必ず大道に合す。
人心に益あれば、許して国内に流伝す。また専ら検書官を設け、詳く群
書を看、詳く定を経おわりて、まさに書肆の刊行を准す。故に書院に書
を積むこと、数千万巻に至り、一字の人心を蠱惑し、風俗を敗壊する者
を容ることなし。それ都会の大なる地には、みな官設書院あり。中にお
いて書を聚め、日々に門を開くこと二次、士子内に入りて抄写謡読する
ことを聴す。但し携ゑ出づるを許さざるなり）（読み下し文は引用者）。

　キリスト教聖書や賢人たちの書物が受け継がれてきていることが記されたの
ち、「検書官」が群書を検め、風俗を害するおそれのない書物の刊行が許され
る旨が書かれている。検閲制度を指すものと解される。また、西洋の大都市に
は「官設書院」が存在し、一日に二時間ほど学士たちの閲覧に供され、書物の
帯出は禁じられるとある。「開門」の表現から、書院として想定されるのは部屋
ではなく建物であることが分かる。

　この箇所について、斎藤は「其都会大地」以下の記述を紹介しながら、「官設
書院」に関して、ソートン著『ライブラリアンシップ史』（学芸出版社、1973）
を参照しつつ、「15世紀から17世紀初頭にかけて、ヨーロッパ各地に誕生した
公立図書館や国立図書館をさしていたものと思われる」と解しているが[59]、こ
の点は検討を要する。

　まず「国立」の図書館については、フランスにおいてフランソワ1世がモン
ペリエの勅令を発し、検閲を目的とした納本制度をはじめたのが1537年のこ
とであり、1544年にはフォンテンブローの居城に図書館をつくっていた。『職
方外紀』が17世紀初頭に成立したことに鑑みて、検閲制度に基づく収書はフラ
ンス王立図書館の制度などが念頭に置かれたことが自然であると解釈される。
すなわち、文章の後段の「官設書院」ではなく、文章の前段の、検閲をもとに
「数千万巻」の蔵書を有した「書院」のほうである。ただし、フランスの王立図

書館（ビブリオテーク・ロワイヤル）が国立図書館（ビブリオテーク・ナショナーレ）となるのが仏革命後の1792年のことであることから（ドイツやイタリアなどでも国立図書館の成立は18世紀以後のことである）、「国立」図書館と言うよりはその前身である「王立」図書館の表現が妥当であろう。

　「公立」の図書館について見ると、16世紀に特にフランスとドイツの都市部で図書館が発達しており、これら都市の図書館は宗教改革後に修道院蔵書を引き継ぎ、パリ、リヨンやハンブルグ、アウグスブルグなど各都市に設立されていた[60]。蔵書規模は大きくなかったが、「都会の大なる地」に都市によって設けられた点で、たしかに「官設書院」に相応しいと考えられる。

　他方、唐本地理書では、しばしば「書院」が「大学」の意味で用いられており、各地の領主によって設立された大学図書館を指す可能性もある。公開対象である「士子」について、斎藤は「上流階級の子弟」としている。しかし、ここには「抄写謡読」する熱意をもった学生も含まれたと考える余地はあると思われる。

　このほか、官僚・諸侯の公開図書館であった可能性もあるであろう。フランスでは、17世紀になってリシュリュー、マザラン、コルベールといった絶対主義官僚が積極的に蔵書収集を行ったことが知られており、このうちノーデの管理したマザラン図書館はフランスで最初に公開された図書館であった。また、分立国家であったドイツでは、プロイセン大公、バイエルン大公、ザクセン選帝侯ら多くの地方領主がその居城に図書館を設けており、人文主義に影響を受けた16世紀以降、その多くが公開された[61]。イギリスでも、宮内官であったボードレー卿が1602年にオックスフォード大学図書館を再建し、約2,000タイトルの書物を公開している。ただし、「官設」の意味合いに沿うものか、疑念が残る。

　このほか、斎藤らに指摘はないが、『職方外紀』巻二の「以西把尼国」（スペイン）の記述に、「又有書堂、闊三十歩、長一百八十五歩、周列諸国経典書籍、種々皆備、即海外額勒済亜国之古書、亦以海舶載来、貯於此処（また書堂あり。闊さ三十歩、長さ一百八十五歩、周りに諸国経典書籍を列し、種々みな備はる。すなはち海外の額勒済亜（ゲロツイヤ）［引用者注：ギリシア］国の古書も

また、海舶をもって載せ来て、此処に貯ふ）」ともある[62]。

　スペインでは、1563年に国王フェリペ2世がマドリード近郊のエスコリアルに宮殿を建て始め、1575年に宮殿内に大広間様式の図書館を設けたが、この大広間では書棚を壁に取り付ける方法が採用されていた。これは、ヨーロッパの図書館において書棚を壁に垂直に置かなかった早い例であり[63]、『職方外紀』における記述は、このエスコリアル宮殿の大広間図書館を紹介したものと考えられる。スペインはイエズス会誕生の地であり、『職方外紀』において特にスペインの図書館についてのみ具体的な記述が挙げられているのは、宣教師たちがスペイン国内事情について他国以上に詳しい知識を有したためと考えられる。

　この『職方外紀』は寛政禁書に指定され、幕府から閲読を禁じられたが、知識人層の内に秘かに写本が広まっていたようである。海外事情を研究した渡辺崋山、松下村塾を開き幕末志士たちに影響の大きかった吉田松陰、蘭学者の大槻玄沢、森島中良、桂川甫周らによって利用された[64]。

3.2 『泰西輿地図説』

　1789年（寛政元）、福知山藩主であった朽木昌綱によって『泰西輿地図説』が著された。『職方外紀』が参照されている。昌綱は蘭学者の前野良沢の門下に学び、和蘭通詞の荒井庄三郎やオランダ商館長チチングの助力を得て『泰西輿地図説』を完成した。同書は主としてヒュブネルの『ゼオガラヒー』（*Algemeene Geographie*）の蘭訳本に依っているが、この『ゼオガラヒー』諸版は良沢や和蘭通詞の本木良永らの手で抄訳されており、蘭学者の間で重宝されたものであった[65]。

　すでに青木が触れたように、『泰西輿地図説』では巻九「度逸都蘭土」（ドイツ）の中でオーストリアの首都ウィーンについて記し、図書館を描写している。「其近辺ニ［ラキセン、ビユルグ］［エベルス、ドルプ］等の両邑アリ、コレヲ帝ノ遊園トシ爰ニ八殿アリ、十万巻ノ書冊＜此書冊本朝ノ千万巻ニモ当ルベシ、西洋ノ書ハ甚大部ナリ＞及諸ノ珍宝ヲ積貯エタリ」とあるのがそれである[66]。ただし、青木は「帝室のコレクションには触れているが、図書館を意味

する言葉は使われていない」と言及したのみで[67]、細かくは立ち入っていない。

　描写について見ると、十万巻の書冊が「八殿」に蓄えられたとある。オーストリア宮廷図書館は、1493年に皇帝マクシミリアン一世によって設立され、16世紀には蔵書はフランチェスコ会の修道院に納められていた。その後、1623年になってホーフベルグ城に移されて八室があてがわれており[68]、この記述の「八殿」と照応する。1726年にはチャールズ六世のもとで新しい図書館用の建物が建築されたらしいが、ここには言及されていない。

　また、蔵書に関して、17世紀にフッガー家の蔵書15,000冊が購入されて加わるなど、規模は拡大されており、蔵書「十万巻」の表現は誇張とは思われない。公開についての言及はないが、読み手には、「帝ノ遊園」の中に設けられる以上は人びとの利用を念頭に置いたものではないことは、了解されたであろう。『泰西輿地図説』は、享和年間（1801-04）にも刊行されたほか、次に述べる『訂正増訳采覧異言』においても参照されている。

3.3 『訂正増訳采覧異言』

　新井白石がイタリア人宣教師シドッチを尋問し、それによって得た世界地理知識を『采覧異言』にまとめるとともに、和蘭通詞の今村英生を介して長崎蘭学を江戸と結びつけたことはすでに述べたが、西洋書・漢籍・国書126種によりながらこの『采覧異言』の増訂を行ったのが山村才助であった。山村は大槻玄沢の門下に入り、1796年（寛政8）に『職方外紀』中の地名をヨーロッパ諸語と対照させた『外紀西語考』を書き、その後、『訂正増訳采覧異言』（1802）を完成した。本書は、それまでの世界地理知識の集大成であると評価される[69]。

　白石『采覧異言』では図書館に関する記述は見られないが、『訂正増訳采覧異言』には複数の言及がある。まず、ヴァチカン宮殿図書館について、巻一「意太里亜（イタリア）」は以下のように記している[70]。

> 　所謂「花低葛安（ハアチカン）」ノ宮ナリ……中ニ八ノ大書堂アリ、製作壮麗ナリ、貯ル所ノ書籍六万二千余冊、又経典六千余冊、就中珍トシ飾トスル者ハ太古ノ時ノ経典アリ。コレ皆今ヲ去ルコト七十世以上ノ物ニシテ、「恊蒲勒烏斯（ヘブレウス）」＜太古ノ語上ニ詳ナリ＞ノ語ナルヲ、

厄勒祭亜（ギリシア）国ノ方言ヲ以テ翻訳シタル者ナリ。又「協乙埒別而古（ヘイデルベルク）」＜都内の地名＞ニモ亦書堂アリ。コレハ「列阿曷喇都斯（レヲアッラトス）」ト云人、書籍ヲ聚メ貯ヘタル者ナリ（引用者が適宜、句読点を補い、旧漢字を新漢字に改めた。（）書きは原文でルビ、「」書きは原文で傍線が引かれている）。

　こうした『訂正増訳采覧異言』における図書館の描写は、すでに斎藤によって紹介されているが、記述の中身についても考えておきたい。

　まずヴァチカン図書館の創始について、正確なところは不明であるが、紀元前後から教皇庁は図書を納める建物を有したようであり、主に学者の研究に供された。ヴァチカン図書館は教皇の個人的資質に影響され、中世において顧みられない時期もあったが、15世紀にニコラス五世およびシクストゥス四世が出て以後は、蔵書の充実を迎えた[71]。聖書や教父の著作といった宗教書が蔵書の中心であったが、世俗書の収集もなされたようである。『訂正増訳采覧異言』では、貴重書として、ヘブライ語から翻訳されたギリシア語聖書のあることを「珍トシ飾トスル」として特記している。

　『訂正増訳采覧異言』に記された図書館の形態であるが、書堂が八つあると書かれている。『職方外紀』の例に従えば、書堂は大広間図書館の意である。ヴァチカン図書館では、すでに17世紀前半に教皇パウル五世が増加図書のため二広間の建て増しを行っており[72]、また17-18世紀には定期的に寄贈が寄せられたとされるので、おそらくこうした広間が増設されて八部屋まで増えたものと考えられる。山村がどの地理書をもとにこの記述を行っているか明らかではないため、この記述からヴァチカン図書館のいつの姿を描いたものか断定することはできない。

　また、巻二「入爾馬泥亜（ゼルマニア）」では、朽木昌綱『泰西輿地図説』で紹介された箇所を挙げて、「其帝ノ書堂ハ凡八殿アリ。印刻セル書籍十余万冊、其他上世以来ノ種々奇異非常ナル経典諸書ノ類亦極テ夥シ」としている[73]。さらに巻三「伊斯把你亜（イスパニア）」では、スペインのエスコリアル宮殿図書館に言及している[74]。

　「厄斯孤利亜児（エスコリアル）」ト云城アリ。此地ニ一ノ大寺観アリ…

＜万国伝信紀事及ヒ「撲乙斯（ボイス）」カ学芸辞書ニ曰、此寺観…四隅
ニ各一ノ高台ヲ建テ、中ニ一万一千ノ玻璃ノ宝器ヲ飾リ、王ノ書堂アリ
テ多ク書籍ヲ貯へ僧官コレヲ守リ、世々ノ国王及后妃ノ陵アリ…＞（引用
者が適宜、句読点を補い、旧漢字を新漢字に改めた。() 書きは原文でルビ、「」
書きは原文で傍線が引かれている）。

　山村は増訂・加筆に当たって『万国伝信紀事』とボイスの学芸辞書に依って
いるが、前者は、『ゼオガラヒー』の著者ヒュブネルが選んだ百科事典の蘭訳
本 De staats-en koeranten-tolk of woordenboek der geleerden en ongeleerden（1732）
であり[75]、いずれも蘭書であった。『訂正増訳采覧異言』の引用書目から、山村
はマーリンやハルマの対訳辞書も使用しており、自らの蘭書読解に基づいた知
識であったことが分かる。

　この箇所に関して、エスコリアル宮殿図書館は、8階建ての9つの塔を備え
る大理石造りで、古代写本やインクナブラなど稀覯書が集められたが、1671
年に火災が起こり約6,000冊の書物が失われた[76]。『万国伝信紀事』の成立年代
から推して、同書で火災について触れられていたとしても自然であったと思わ
れるが、山村は書堂に多数の蔵書があった事実だけを伝えている。

　また、『訂正増訳采覧異言』巻三で「仏郎察（フランス）」の箇所には、「凡ソ
此国文学最盛ニシテ、此都［パリ：引用者注］内ニ、其国王「加列児（カァレ
ル）」第五世ノ所建ノ王ノ書堂ヲ初メトシテ、世ニ名アル大書堂凡ソ十五ヶ処
アリト云フ」と記される[77]。フランス王立図書館がシャルル五世の創始である
ことが紹介されるとともに、パリに15の図書館があることも伝えられている。
王立図書館の他に、1624年に設立されたサント・ジュヌヴィエーヴ図書館や、
1643年設立のマザラン図書館などが含められると思われるが、そうした図書
館の具体的な記述はない。

　『泰西輿地全図』と異なり『訂正増訳采覧異言』は印刷されることなく、写本
によって伝えられたのみであったが、鎖国下における本邦世界地理書のうち、
質量ともに随一であった。

3.4 『輿地誌略』

『訂正増訳采覧異言』の執筆時、山村才助はヒュブネル『ゼオガラヒー』を入手することができなかった。『ゼオガラヒー』の諸本をもとに諸国に関する部分訳が行われていたが、このうち1761-66年刊行と最も新しかった六冊本（これは訳者の名を取って「カラメロス地誌」とも呼ばれた）の全文訳を行ったのが青地林宗であった。林宗は松山侯の侍医であったが洋学に優れ、『ゼオガラヒー』翻訳の幕命を受け、1826年（文政9）に『輿地誌略』全8巻を、翌年に『輿地誌』全65巻を完成した。ただし『輿地誌』65巻については、現在は所在が知られていない。

『輿地誌略』には「書庫」への簡潔な言及が多く、すでに青木がロシア、フランス、イギリスについて取り上げているほか、齋藤もロシア、フランス、それからスペインの鎖付き図書について、簡単にその本文を記述している。これらのほか、『輿地誌略』には、『職方外紀』や『訂正増訳采覧異言』で記述されていたスペイン・エスコリアル宮殿の「書庫」やイタリア・ヴァチカンの「書庫」の記述、ハンガリー、スウェーデン、アイルランドにおける「書庫」に触れた箇所がある。

ここでは、巻一「魯西亜（ロシア）」の「学術」における、比較的まとまった次の記述を取り上げておく。

　　　伯多珠玻里斯［ペトロポリス］、莫斯哥［モスコー］等ニ、大学館及学社数区ヲ建、又大書庫ヲ建テ奇書ヲ購求シ、当時已ニ二千部ヲ集メ、又自然及人工ニ出ル奇品ヲ集蔵ス…伯多珠玻里斯官庫ノ書ハ、四種ニ分ツ、一ニ経典、二ニ政治、三ニ医術、四ニ博物ノ書トシ、歳ニ之ヲ増加シ、千七百四十二年＜寛保二年＞、諸邦ノ書一万四千百八十七部、本国書二百八十二部アリ。又別ニ秘庫ニ諸物ノ鑑本、獣鳥、魚虫、金石等数千種ヲ蔵ム」[78]（句読点、［　］書きのヨミは引用者が付した）。

これについて、齋藤は前半「集蔵ス」まで本文を紹介し、青木は全体を記した上で「首都ペテルブルグや旧都モスコーの国立の図書館について述べたもの」としている[79]。ただし、ここでも「国立」の図書館については検討が必要であろう。

ロシアではピョートル大帝の時代に初等・中等教育が整備され、1701年に
モスクワに数学・航海術学校が創設されたのを始め、砲兵技術、諸国語、医学
の学校が設置された。その後、1728年ペテルブルグに設立されたロシア帝室
科学アカデミーによって高等教育機関が誕生し、1755年にはモスクワ大学が
創設された[80]。『輿地誌略』の別の箇所ではロシア帝室科学アカデミーを「究理
学の大学館」と表現した箇所もあり、「大書庫」の記述は、こうしたアカデミー
などに附設された図書館のことを指したと推定できる。

　経典、政治、医術、博物という4の主題に類別された「ペトロポリス」の官
庫も、ロシア帝室科学アカデミーの図書館であったと考えるのが妥当である。
ロシア国立図書館は、その起源が、1794年に女王エカテリーナ二世がポーラ
ンドを占領した際に、ポーランド国立図書館の25万冊に及ぶ蔵書を摂取し、
これをペテルブルグに持ち帰ったことに始まり[81]、正式な開館は1814年であ
った[82]。『輿地誌略』翻訳時点で「国立」図書館はいまだないと考えるのが自然
であろう。

　『輿地誌略』の普及に関しては、刊行こそされなかったものの、渡辺崋山が
書写を行い、その海外知識習得に用いられるなど活用された[83]。

3.5 『海国図志』

　西洋の書物を通じてその知識を得る動きは、幕末日本に限った事態ではな
く、西洋諸国からの外圧を直接に受ける清末中国においても試みられていた。
アヘン戦争の最中、1838年に林則徐は『四州誌』を刊行したが、これは1834年
にイギリス人地理学者マレーによって著された『地理全書』(*An Encyclopaedia
of Geography*) の抄訳であった。林則徐の配下にあった魏源が、それまでに著
された文献に依りながら『四州誌』を増補し、1842年に全50巻本として刊行し
たものが『海国図志』である。『海国図志』は増訂され、60巻本、100巻本が出
版されるが、これら『海国図志』が、早くは1851年（嘉永4）に幕末日本に船載
されている[84]。

　図書館に関して簡単な記述が多いが、まず巻三十三「英吉利国総記（イギリ
ス）」の「雑記」に、「蘭頓（ロンドン）建大書館一所、博物館一所、渥斯賀建

（オックスフォード）大書館一所、内貯古書十二万五千巻、在感弥利赤（ケンブリッジ）建書館一所」とある[85]。図書館を「書館」と表現している点が、これまでの蘭書には見られなかった点である。ロンドン大学の図書館が設立されるのが1837年のことであるが、ここで言及されているロンドンの「大書館」は、1753年に成立した大英博物館図書室であると思われる。また、同じく巻三十三には、「斯葛蘭島（スコットランド）」「愛倫国（アイルランド）」にある、それぞれ「貯書十万巻」の「大書館」について触れられているが、これは1584年にスコットランドのエディンバラに建てられた大学図書館（当初は弁護士図書館）、および1592年にアイルランドのダブリンに創設されたトリニティ・カレッジ図書館を指したものであろう。

『海国図志』には他の書籍からの引用も多く、巻二十四「大西洋各国総沿革」および巻二十六「大呂宋国（イスパニア）沿革」に『職方外紀』の図書館描写がそのまま載せられているほか、ギュツラフ『万国地理全図集』からの引用として、巻二十七「仏蘭西国（フランス）」にフランス国立図書館の記述も見られる。巻二十九「耶馬尼国（ドイツ）」、巻三十六「俄羅斯国（ロシア）」などにも図書館について簡単に触れた箇所がある。

特に注目されるのは、巻四十「外大西洋亜墨利加州（アメリカ合衆国）」マサチューセッツ州の次の記述である。

　　城中文学最盛、書楼数所内一楼蔵書二万五千本、各楼共蔵公書約七八万本、官吏士子、皆可就観、惟不能携帰而已……城外市鎮、亦多大書院共六所、内一所、自始建迄今已歴二百年、為二十六部書院之首、内為師者三十五人、受業者三四百人、蔵書四万本」[86]（引用者が適宜、句読点を補い、旧漢字を新漢字に改めた）。

　　（城［ボストン］中に文学は最も盛んなり。書楼数所ありてうち一楼に書を蔵すること二万五千本、各楼あはせて公に書を蔵すること約七八万本、官吏士子、みな就観すべし。ただし携ゑ帰ることあたはざるのみ……城外市鎮もまた、大書院多くあはせて六所あり。うち一所は、始めに建ててより今まで二百年を歴るのみ。二十六部［州のこと：引用者注］の書院の首となり、うち師者は三十五人、受業者は三四百人、蔵書は四万本た

り）（読み下し文は引用者）。

　図書館は「書楼」と表されている。ボストンでは、1807年に会員制図書館として ボストン・アセニアムが創設され、1827年の時点で21,000冊以上の蔵書を有したという[87]。「二万五千」冊の蔵書を有したと記される「一楼」はこれを指すのではないか。ボストンでは、1780年に芸術・科学アメリカ・アカデミー図書館が、1820年には年少労働者を中心に商業文庫がそれぞれ設けられるなど、会員制図書館が発達しており、この『海国図志』における記述で「数所」とあるのは、こうした会員制の図書館の存在であったと考えられる。図書の貸出はされていないものの、「公に書を蔵する」として、一般利用が念頭に置かれていることが分かる。利用者として「官吏士子」が挙げられ、そうした人びとによる共同利用について紹介されている点は興味深い。

　また、ここでは大学を指して「書院」と用いられており、「書院之首」であったハーヴァード大学に「四万」冊の図書が収蔵されていることも記されている。大学図書館は大学と一体的に捉えられ、「書院」に含まれていることが分かる。なお、1854年にはこの地にボストン公立図書館が設立されており、これは法的な規定のもとで、公費による運営、公的機関による管理、無料公開を行うという近代パブリック・ライブラリーの理念を初めて体現したものであったが、『海国図志』の成立年代から、この図書館について触れたものではない。

　『海国図志』の普及に関しては、幕末期において官版だけでなく市中でも和刻がなされており、その数は安政年間（1854-57）に16種に及んでいる[88]。アメリカ合衆国の部分だけの和訳本が半分の8種を占めるのは、ペリー来航に影響されたためと考えられる。蘭学者緒方洪庵に学んだ橋本左内もこうした和訳本を手にしたほか、吉田松陰の書簡からも写本が出回っていたことが窺える。

3.6　『地球説略』

　ペリー来航後、幕府では、和蘭書籍（蛮書）和解御用の系譜を継ぐ蕃書調所において、洋書の翻訳が進められた。その際、書籍だけでなく雑誌からも西洋知識を得る動きがあった。記載される情報の時間的な新しさが注目されたわけであり、オランダ雑誌からの翻訳を中心にして、文久年間（1861-63）に『玉石

志林』が刊行された。翻訳を行った箕作阮甫は、蘭学者の宇田川玄真に学び蕃書調所教授に任じられていた人物である。

　『玉石志林』巻四にベンジャミン・フランクリンの略伝が載せられており、その中に「一千七百三十一年、フランクリン始て公共書庫一間を費拉地費（ヒラデルヒア）に建つ」とある[89]。青木によれば、阮甫は1851年（嘉永4）に世界地理書『八紘通誌』を公刊しているが、この中でイギリス・オックスフォードとフランス・ルアンを述べた項に「公共書庫」の表現を用いているようである[90]。ルアンの図書館については不明であるが、オックスフォードの記述はボードリアン図書館を示すようであり、ここはイギリスで最初に学者に公開された図書館であった。『海国図志』の「マサチューセッツ州」における記載と同じく、この「公共書庫」の表現に「公」の字が用いられているのは、フィラデルフィア図書館会社が人びとの共同利用に供されていることを指したものと思われる。また、次の『地球説略』の記述からも、阮甫は一般に公開される図書館の存在を知っていたことが分かる。

　1860年（万延元）、阮甫は唐本世界地理書の一つである『地球説略』に訓点を施して出版した。この『地球説略』は、1856年にアメリカ人宣教師ウェイ（禕理哲）が著し、明治に入ってからも翻訳が行われた書である。「亜利曼（アレマン［引用者注：ドイツ]）列国図説」に、「城内多蔵書之室、所蔵約有数十万巻、倘有願読其書者、不拘何人、尽可入内披（城内に蔵書の室多し。所蔵およそ数十万巻あり。なほその書を読まんとする願ひある者は、何人に拘はらず、尽く入内し読まるるべし）」という記述がある[91]。ドイツ地方の都市においては「蔵書之室」が多く置かれ、申し出たすべての人に書籍の閲覧を許したという文意である。

　ドイツでは、世俗領主が居城に設立した図書館を公開した例が多く、プロイセン大公がケーニヒスベルグに設立した居城図書館が1540年に、フリードリヒ・ヴィルヘルム大公の建てたベルリン選帝侯図書館が1661年に、ヴォルフェンビュッテルのアウグスタ図書館が1666年頃に、それぞれ公開されるなどしていた。『地球説略』の記述はこうした図書館を指したと思われるが、ここにおいて、地理書の中で初めて「何人に拘はらず、尽く入内し読まるるべし」と、

一般公開されていることについて言明された点は重要であろう。阮甫は『玉石志林』の翻訳に取りかかる以前においてすでに、西洋には万人に開かれた読書施設があることを、知識として持っていたと理解される。青木は『玉石志林』で用いられた「公共書庫」の言葉は "openbare bibliothek" の訳であると指摘しているが[92]、『地球説略』の記述と併せて読むとき、訳者阮甫の念頭には、一般利用が許される「公」の場という概念が備わっていたと考えられる。

3.7　世界地理書と福澤諭吉

　以上のように、世界地理書における記述には、辞書における単語的な理解を超えた表現があり、辞書の記述からは窺い知れなかった図書館像を思い描くことが可能となっている。単語的な理解から蔵書規模を具体的に想定することは難しいし、一般に公開された図書館があることも分からない。国王の宮殿や大学に図書館が付設されることも、地理書によって明らかにされている。

　後年、福澤諭吉は『西洋事情』初篇を著すに当たり、「ビブリオテーキ」への対訳語として「書庫」ではなく「文庫」を用いた。前述のように、福澤は英漢辞書を翻訳して『増訂華英通語』を刊行していたが、その際には "Library" に「ショモツグラ」という日本語を当てていた。また本稿では、幕末に海外へ渡航した人びとの見聞記を検討対象から外したが、福澤は文久遣欧使節に雇通詞として随行した際に『西航記』や『西航手帳』をしたためており、そこではロシア帝室図書館やフランス国立図書館などを訪れた際、図書館を指して「書庫」や「蔵書庫」、「書院」という言葉を用いている[93]。さらに、『西洋事情』は1867年（慶応2）初冬に刊行される以前に、すでに写本の形で人びとに読まれていたが、この『写本西洋事情』には「文庫」ではなく「書府」を当てている[94]。

　「文庫」という用語は、刊行された『西洋事情』初編以前にはほとんど用いられていない。江戸時代、幕府には秘庫としての紅葉山文庫が設けられており、諸大名や蔵書家がその蔵書に文庫の名称をつけていたが、福澤は、日本で「ビブリオテーキ」に比定される存在を考え、改めて「文庫」を対訳語に用いたのではなかろうか。そして、欧行中に「書庫」や「書院」という言葉を用いたことは、蘭学の知識背景をもつ福澤にとって、（「書庫」の言い換えである「ショモ

ツグラ」を含め、）そうした表現のほうがむしろ馴染みがあったと受け取ること
ができる。

　『西洋事情』初編では、「万国の書皆備り、衆人来りて随意に之を読むべし」
と、誰もが館内で閲覧することができる点が記されているが[95]、図書館が「衆
人」に公開される点は、旅行中の福澤の日記には見られない。図書館が一般に
公開されることを、福澤は旅行時にすでに知識として有しており、新たな知見
ではないために書き残さなかったのではないかと推測される。

　福澤は緒方洪庵から本格的に蘭学を学び、そこで世界地理書の知識を得た
可能性は高いと言えよう。また、他の蘭学者たちとの接点も考えられる。例
えば、『地球説略』を訳した箕作阮甫との関わりである。前述のように阮甫の
訳した『地球説略』には、一般に公開された「公共書庫」の存在が記されてい
る。福澤は江戸へ出てきてのち、蕃書調所へ入門を果たす。そして英蘭対訳辞
書が借り出せないと分かり、通うことを一日で諦めたと『福翁自伝』で回顧し
ているが、その際に入門許可を与えたのが調所頭取の地位にあった阮甫であっ
た[96]。そうした関わりの中で、書庫の公共性についてもすでに知識を得ていれ
ば、欧行中の見聞記にわざわざ記す必要がないのである。

　『西洋事情』は1870年（明治3）までに3編10冊が刊行されて完結される。正
版に加えて偽版のものも合わせると、売れ行きは「二十万乃至二十五万部は
間違ひなかる可し」であったと福澤自身が語っている[97]。当時の日本の人口が
3,400万人程度として、およそ150人に一部の割合で出回っていた計算になる。
それ以前に著されていた地理書や遣外使節の日記とは比較にならないほどに、
人びとへの影響力は大きかった。ただ、そこに書かれた西洋は、遣外使節の一
員として実地に経験した事柄に基づくものばかりでなく、江戸時代日本におい
て吸収されていた既存の知識にも基づいていたように考えられるのである。

おわりに

　江戸時代の日本では、長崎の和蘭通詞を中心に西洋理解が図られた。新井白
石を通じて長崎蘭学と江戸が結びつき、やがて和蘭通詞以外の者にもオランダ
語学習の可能性が広がった。18世紀後半から蘭和事典が作成され、蘭書理解

に進展が見られた。その後、国防意識の高まりとともに、幕府においても洋学研究が本格化し、『厚生新編』の翻訳などが進められることとなった。

　書物による西洋理解の大きな支えとなったのが辞書と地理書であった。外国語辞書については、鎖国前にすでにイエズス会系の修道士たちにより『羅葡日辞典』や『日葡辞書』が編纂され、西洋の図書館に「経蔵」、日本の図書館に「文庫」という概念が当てはめられた。鎖国以後はオランダ語の辞書が作成され、江戸の『波留麻和解』、長崎の『ドゥーフ・ハルマ』、さらには『和蘭字彙』などが完成し、筆写や出版などにより知識人たちに知られていった。図書館については「書庫」や「書物を集め置く処」といった訳語が採られ、こうした訳語は以降の外国語辞典にも踏襲された。しかし「書物を集め置く処」では、その設置場所や規模、利用条件や利用者について具体的に推し量ることはできない。西洋にも日本の文庫に比定されるような、書物を収集する場のあることが知られるのみであったと考えられる。

　西洋の図書館について、より具体的に思い描くための知識源が、世界地理書であった。17世紀に編纂された『職方外紀』には、検閲に基づくフランス王立図書館の収書や、都市部に設置された「官設書院」、諸国の聖書や書籍を数多く収めたスペイン・エスコリアル宮殿の大広間図書館などが記された。海外事情書の集大成と呼ばれた『訂正増訳采覧異言』や『輿地誌略』といった地理書からは、オーストリア宮廷図書館、ヴァチカン図書館、ロシア帝室科学アカデミーの図書館などの規模や所蔵冊数、貴重書の収蔵状況を知ることができた。

　また、19世紀の唐本地理書『海国図志』を繙けば、英米の大学図書館や会員制図書館の知識を、「書館」や「書院」、「書楼」として知ることができた。『地球説略』からは、閲覧を望むすべての人びとが利用することのできる図書館のあることが理解された。こうした記述からは、単語的な理解を超えて、規模や利用状況まで含めた西洋の図書館像を思い描くことが可能となっていた。江戸時代に吸収されたそうした西洋知識は、幕末開国期における海外の見聞の土台となり、やがて明治時代の制度化や文物の発達を下支えしたと考えられるのではなかろうか。

注

以下に参照したデジタルコレクションの最終確認は、いずれも2023年1月31日である。

1) 三浦太郎「"書籍館"の誕生——明治期初頭におけるライブラリー意識の芽生え——」『東京大学大学院教育学研究科紀要』38, 1998, p. 393-401. なお、書籍館から図書館の呼称の変遷については、以下を参照。鈴木宏宗「明治10年代「図書館」は「書籍館」に何故取って代ったか」『近代出版研究』1, 2022, p. 186-205.
2) 福澤諭吉『西洋事情. 初篇. 一』尚古堂, 慶應2［1866］（慶應義塾大学メディアセンターデジタルコレクション）画像75（掲載箇所は巻一、三十二丁）［https://iiif.lib.keio.ac.jp/FKZ/F7-A02-01/pdf/F7-A02-01.pdf］.
3) 近年刊行された図書館史の概説書や啓蒙書の中でもそうした説明が採られており、通説となっている。以下を参照。岩猿敏生『日本図書館史概説』日外アソシエーツ, 2007, p. 149-152; 高山正也『歴史に見る日本の図書館：知的精華の受容と伝承』勁草書房, 2016, p. 50-52; 新藤透『図書館の日本史』勉誠出版, 2019, p. 240-242.
4) 永峯光名「辞典に現われた「図書館」（1）」『図書館界』18（4）, 1966, p. 139-146.
5) 永峯光名「辞典に現われた"図書館"（2）」『図書館界』18（5）, 1967, p. 179-186.
6) 永峯光名「"辞典に現われた「図書館」"（3）——追加と訂正——」『図書館界』19（2）, 1967, p. 39-41.
7) 斎藤毅「西欧図書館知識の移入について（1）——日本図書館思想史の一断面——」『図書館短期大学紀要』10, 1975, p. 7-19.
8) 斎藤毅「西欧図書館知識の移入について（2）——蘭書, 天正少年使節および幕末の遣外使節ならびに留学生らのもたらした図書館知識——」『図書館短期大学紀要』11, 1976, p. 11-32.
9) 青木次彦「"図書館"考」『同志社大学文化学年報』23/24, 1975, p. 33-63.
10) 佐藤昌介『洋学史の研究』中央公論社, 1980, p. 3-18.
11) 杉本つとむ『増訂 日本翻訳語史の研究』八坂書房, 1998, p. 61-67.
12) 杉本つとむ『蘭学者による蘭語の学習とその研究』早稲田大学出版部, 1977, p. 3-14.
13) 同上, p. 79-89.
14) 杉本つとむ『蘭語研究における人的要素に関する研究』早稲田大学出版部, 1981, p. 52-59.
15) 杉本つとむ『辞書・事典の研究II』八坂書房, 1999, p. 323-334.
16) 前掲12）, p. 551-561.

17) 前掲15), p. 323-334.

18) 中山茂「序章」中山茂編『幕末の洋学』ミネルヴァ書房, 1984, p. 1-14.

19) ヨリス・フォルシュティウス, ジークフリート・ヨースト『図書館史要説』藤野幸雄訳, 日外アソシエーツ, 1980, p. 10-88.

20) 宇野有介「一五六〇年代前半におけるイエズス会宣教師の活動について」『二松学舎大学人文論叢』75, 2005, p. 101-111.

21) 『羅葡日対訳辞書』勉誠社, 1979, p. 84, 420（2014年にコーネル大学でデジタル化された本文を Google Books で見ることができる）[https://books.google.co.jp/books?id=xmJFAQAAMAAJ]. なお, 古代から近世の経蔵や輪蔵については、以下を参照。小黒浩司「経蔵考」小川徹ほか『図書館と読書の原風景を求めて』青弓社, 2019, p. 73-99.

22) 「妙貞問答下」海老沢有道ほか校注『キリシタン書.排耶書』岩波書店, 1970, p. 156.

23) 「ヴィルマン日本滞在記」村川堅固・尾崎義訳, 岩生成一校訂『セーリス日本渡航記・ヴィルマン日本滞在記』雄松堂, 1970, p. 38.

24) 山田珠樹訳注『ツンベルグ日本紀行』改訂復刻版, 雄松堂書店, 1966, p. 274.

25) 『パリ本日葡辞書』勉誠社, 1976, p. 198（2014年にオハイオ州立大学でデジタル化された本文を Google Books で見ることができる）[https://books.google.co.jp/books?id=TFJAAQAAMAAJ]. "Qiŏzǒ" の訳語は, ボードレアン本を影印した『日葡辞書』（勉誠社, 1973）や、2018年にブラジル国立図書館で発見されたリオ版を高精細カラー複製した『リオ・デ・ジャネイロ国立図書館蔵日葡辞書』（八木書店, 2020）でも、同じ訳が当てられている。なお, イエズス会の出版物はプランタン印刷所とつながりが強かったことが指摘されている。以下を参照。安江明夫「日本文化史上のプランタン―― 16世紀フランス人印刷業者の偉大――」日仏図書館情報学会編『書物史研究の日仏交流』樹村房, 2021, p. 212-228.

26) 土井忠生ほか編訳『邦訳日葡辞書』岩波書店, 1980, p. 504.

27) 前掲25), p. 25.

28) 前掲7), p. 10.

29) 『羅西日辞典』臨川書店, 1976, p. 178, 272.

30) 杉本つとむ『対訳語彙集および辞典の研究』早稲田大学出版部, 1978, p. 3-7.

31) 『ハルマ和解』稲村三伯訳, 寛政8［1796］跋文［写］（静岡県立中央図書館葵文庫蔵）（国文学研究資料館　新日本古典籍総合データベース）画像220-221［https://kotenseki.nijl.ac.jp/biblio/100065330/viewer/220].

32) 前掲30), p. 688.

33) 前掲30), p. 654-662.

34) 『訳鍵』藤林普山, 文化7［1810］刊か（国立国語研究所蔵　日本語史研究資料）ykkn-002, 画像33［https://dglb01.ninjal.ac.jp/ninjaldl/bunken.php?title=yakken].

35）*Francois Halma Woordenboek der Nederduitsche en Fransche Taalen*, 1729, p. 96（2009年にゲント大学でデジタル化された本文をGoogle Booksで見ることができる）［https://books.google.co.jp/books?id=I_Y-AAAAcAAJ］. このほか "Boekekas, z.v. Bibliotheque, lieu destine à mettre des livres." 「書物を置く場所」、"Boekekamer, z.v. Studeerkamer. Etude, cabinet où l'on étude." 「勉強室」の説明も記されている。

36）前掲30), p. 450-457.

37）前掲30), p. 16-19.

38）*Inleiding tot het Woordenboek door Hendrik Doeff*,［大槻茂楨（写）］,［書写年不明］（早稲田大学　古典籍総合データベース）画像23, 25［https://www.wul.waseda.ac.jp/kotenseki/html/bunko08/bunko08_a0093/bunko08_a0093_0007/bunko08_a0093_0007.pdf］.

39）前掲7), p. 11.

40）前掲4), p. 141. 東大に所蔵される『ドゥーフ・ハルマ』が「A・B」などを欠く端本であったことは、以下を参照。前掲14), p. 40-42, 62-63.

41）前掲6), p. 39.

42）前掲11), p. 84-88.

43）福澤諭吉『福翁自傳』時事新報社, 1899, p. 132-133.（慶應義塾大学メディアセンターデジタルコレクション）画像75［https://iiif.lib.keio.ac.jp/FKZ/F7-A52/pdf/F7-A52.pdf］.

44）前掲15), p. 415-430.

45）前掲30), p. 237-239.

46）『和蘭字彙』［H. Doeff］桂川甫周［校］, 安政2［1855］刊（国立国語研究所蔵　日本語史研究資料）odzi-002, 画像221-223（掲載箇所は巻一, 百十一〜百十二丁）［https://dglb01.ninjal.ac.jp/ninjaldl/bunken.php?title=orandazii］.

47）前掲30), p. 335-341.

48）『諳厄利亜語林大成』本木正栄［訳編］, 文化年間［1814］（鹿児島大学附属図書館玉里文庫蔵）（国文学研究資料館　新日本古典籍総合データベース）画像266［https://kotenseki.nijl.ac.jp/biblio/100050891/viewer/266］.

49）前掲14), p. 150-163.

50）ミヒャエル・ヴォルフガング編『原典対訳・バスタールド辞書』中津市教育委員会, 2018, p.111.

51）村上英俊『仏語明要』達理堂, 元治元［1864］（早稲田大学　古典籍総合データベース）画像44（掲載箇所は巻之一, 三七丁）［https://archive.wul.waseda.ac.jp/kosho/bunko08/bunko08_c0809/bunko08_c0809.pdf］. ただし、永峯や斎藤は『仏語明要』には「書室」という訳語が当てられていることを指摘している。『仏語明要』の拠った仏蘭辞典に関しては、国語学領域における研究の進展が俟たれる。以下を参照。

櫻井豪人「『仏語明要』の原本と成立過程」『国語学』54（4）, 2003, p. 16-30.

52) 福澤諭吉『増訂華英通語　上』快堂蔵板, 万延元 [1860]（慶應義塾大学メディアセンターデジタルコレクション）画像103（掲載箇所は四十六丁）[https://iiif.lib.keio.ac.jp/FKZ/F7-A01-01/pdf/F7-A01-01.pdf]. なお, 福澤諭吉の漢学的素養や蘭学・洋学との関わりなど, 『増訂華英通語』を編纂した経緯が明らかにされている。以下を参照。矢放昭文「福澤諭吉と『増訂華英通語』」『京都産業大学日本文化研究所紀要』20, 2015, p.64-86.

53)『英和対訳袖珍辞書』[堀達之助編], [蕃書調所], 文久2 [1862]（早稲田大学　古典籍総合データベース）画像235（掲載箇所はp.456）[https://archive.wul.waseda.ac.jp/kosho/bunko08/bunko08_c0586/bunko08_c0586.pdf].

54) [ショメール編]『厚生新編』[馬場貞由ほか訳], [書写年不明]（静岡県立中央図書館デジタルライブラリー）AJ008-019, 画像142（掲載箇所は巻一, 14）[https://multi.tosyokan.pref.shizuoka.jp/digital-library/detail?tilcod=0000000031-SZK0000088].『厚生新編』翻訳の意義は, 以下を参照。前掲15), p. 352-356.

55) 同上, AJ008-019, 画像1791-1793（掲載箇所は巻十九, 68-70). 斎藤が項目の全文を転載している。以下を参照。前掲8).

56) M. Noel Chomel. J. A. de Chalmot. *Algemeen Huihoudelijk-, Nature-, Zedekung- en Konst- Woordenboek*, 2nd ed., vol. 1, 1778, p. 227.（2014年にオランダ国立図書館でデジタル化された本文をGoogle Booksで見ることができる）[https://books.google.co.jp/books?id=I_PH5dAAAAcAAJ].

57) 佐藤昌介『洋学史論考』思文閣出版, 1993, p. 119-144.

58)『職方外紀』艾儒略増訳, 楊廷筠彙記, [書写年不明]（早稲田大学　古典籍総合データベース）画像56 [https://archive.wul.waseda.ac.jp/kosho/ru02/ru02_01068/ru02_01068.pdf].

59) 前掲7), p. 13.

60) エルマー・ジョンソン『西欧の図書館史』小野泰博訳, 帝国地方行政学会, 1974, p. 299-300.

61) 前掲19), p. 46-48, 53-54.

62) 前掲58), 画像37

63) 埜上衛「西洋の図書及び図書館史　近世」北嶋武彦編著『図書及び図書館史』東京書籍, 1988, p. 190.

64) 鮎沢信太郎『地理学史の研究』原書房, 1980（1948年の復刻）, p. 139-154.

65) 宮地哉恵子「「ゼオガラヒー」から『海国図志』へ――船載書籍による西欧政治制度紹介――」『歴史学研究』623, 1991, p. 16-19.

66) 朽木昌綱『泰西輿地図説』羣玉堂, 寛政元 [1789]（早稲田大学　古典籍総合データベース）画像6（掲載箇所は巻九, 四丁～五丁）[https://archive.wul.waseda.ac.jp/

kosho/ru08/ru08_02859/ru08_02859_0004/ru08_02859_0004.pdf〕.

67）前掲9）, p. 47.

68）前掲60）, p. 240-241.

69）前掲64）, p. 45-47. 山村才助は東西の地理書の収集・翻刻に努めた。以下を参照。
岩田高明「山村才助の西洋教育情報」『安田女子大学大学院文学研究科紀要. 教育
学専攻』6, 2000, p. 21-41.

70）『訂正増訳采覧異言　一』源君美［撰］, 山村昌永増訳, 杉田勤校正,［書写年不明］
（早稲田大学　古典籍総合データベース）画像32〔https://archive.wul.waseda.ac.jp/
kosho/ru02/ru02_00959/ru02_00959_0002/ru02_00959_0002.pdf〕.

71）前掲60）, p. 169-171, 213-214.

72）前掲60）, p. 326-327.

73）『訂正増訳采覧異言　二』源君美［撰］, 山村昌永増訳, 杉田勤校正,［書写年不明］
（早稲田大学　古典籍総合データベース）画像11〔https://archive.wul.waseda.ac.jp/
kosho/ru02/ru02_00959/ru02_00959_0003/ru02_00959_0003.pdf〕.

74）『訂正増訳采覧異言　三』源君美［撰］, 山村昌永増訳, 杉田勤校正,［書写年不明］
（早稲田大学　古典籍総合データベース）画像26-27〔https://archive.wul.waseda.
ac.jp/kosho/ru02/ru02_00959/ru02_00959_0004/ru02_00959_0004.pdf〕.

75）前掲64）, p. 80-81.

76）藤野幸雄編著『世界の図書館百科』日外アソシエーツ, 2006, p. 94-95.

77）前掲74）, 画像43

78）『輿地誌略』青地盈林宗譯,［1---］［写］（国立国会図書館デジタルコレクション）画
像121-122〔https:// dl.ndl.go.jp/pid/2592498/1/121〕.

79）前掲9）, p. 48.

80）森重義彰「ロシア・ソビエトの教育の歴史」横尾壮英編『西洋教育史』福村出版,
1978, p. 219-221.

81）前掲60）, p. 111-112.

82）ワジム・クリモフ「一八六二年日本使節団のロシア訪問――図書館と軍港プロジ
ェクト――」『東京大学史料編纂所研究紀要』26, 2016, p.124-125.

83）鮎沢信太郎『鎖国時代の世界地理学』日大堂書店, 1953, p. 238-241.

84）前掲65）, p. 21-25.『海国図志』については和刻本の底本の検証も進められている。
以下を参照。戸谷将義「和刻本『海国図志』諸版における底本の校正に関する一
考察」『愛知大学国際問題研究所紀要』158, 2021, p. 153-175.

85）『海国図志　英吉利国上』魏源（重輯）, 林則徐訳, 塩谷宕陰・箕作阮甫［訓点］, 安
政3［1855］刊（国立公文書館デジタルアーカイブ）画像12〔https://www.digital.
archives.go.jp/img.pdf/4168055〕.

86）『海国図志　巻四十　外大西洋亜墨利加州』魏源（重輯）, 林則徐訳, 道光22［1842］

刊（長崎大学附属図書館　近代化黎明期翻訳本全文画像データベース）画像16（掲載箇所は十二丁〜十三丁）［http://www.lb.nagasaki-u.ac.jp/siryo-search/ecolle/dawnb/economy_12_1.html］.

87）前掲60），p. 495-496.

88）前掲65），p. 24-25.

89）『玉石志林　巻四』［箕作阮甫訳］，［出版年不明］（早稲田大学　古典籍総合データベース）画像5（掲載箇所は三丁）［https://archive.wul.waseda.ac.jp/kosho/i04/i04_03165/i04_03165_0004/i04_03165_0004.pdf］.

90）前掲9），p. 50-51.

91）『地球説略　中巻　欧羅巴大洲之部』禕理哲［選］，箕作阮甫［訓点］，万延元［1860］刊（国立公文書館デジタルアーカイブ）画像21（掲載箇所は五十六丁）［https://www.digital.archives.go.jp/img.pdf/4169719］

92）前掲9），p. 52. なお『地球説略』に関して，すでに斎藤によって以下の記述が存在することは紹介されている。「初国中書院稀少，凡入院読書大約富貴人，至今添立多処，有大書院二十六所，小書院不勝数，無論貴賤，皆得所学，至天文算法，最為精到，縁其嗜学故也，蔵書之室広大，所蔵巻帙，約計数十万本」（仏蘭西国図説）。以下を参照。前掲7），p. 17-18.

93）『福澤諭吉全集　第十九巻』岩波書店, 1969, p. 49, 85, 90, 104.『西航記』や『西航手帳』における図書館の記述については青木の紹介がある。以下を参照。前掲9），p. 43-47.

94）同上, p. 195.

95）前掲2）.

96）飛田良文「福沢諭吉の英語研究」『国際基督教大学学報 3-A, アジア文化研究別冊』20, 2015, p. 40-43.

97）福澤諭吉『福澤全集緒言』時事新報社, 1897, p. 51.（慶應義塾大学メディアセンターデジタルコレクション）画像57［https://iiif.lib.keio.ac.jp/FKZ/F7-A50/pdf/F7-A50.pdf］.

沖縄の日本復帰と図書寄贈運動の展開

杉山　悦子

はじめに

　第二次大戦後、全国各地で沖縄に本を贈る（「送る」も含む。以下、「贈る」とする）運動が湧きおこった。沖縄の日本復帰運動と連動しながら、個人単位あるいは団体を通じて沖縄の学校機関等に本を寄贈するという慈善活動である。その運動は、全国各地に雨後の筍のように次々と広がっていった。動機やきっかけは一様ではなく、善意や救済、あるいは人びととの交流を図るなど、実に多様性を帯びていた。

　沖縄へ本を贈る主体は小学生から中学生、高校生そして大学生、勤労学生、主婦、会社員、アルバイト、教員など、子どもから大人まで多岐にわたり、多くは沖縄に縁もゆかりもない人たちであった。彼／彼女たちはなぜ沖縄に本を送るという行為に及んだのだろうか。高度成長の豊かさを味わう日本「本土」の者にとって「沖縄」は、敗戦や占領の記憶を呼び覚ます「急所」であった[1]。彼／彼女たちの日常に「沖縄」は必要とされず、むしろ忘却したい存在であったはずである。贈与は返礼を期待されるとともに、贈り手は贈った物を介して受益者に影響力を持ち続ける交換行為である[2]。沖縄に本を贈った人びとは何を期待し、贈られた側の沖縄の人びとは彼／彼女らに何を返したのであろうか。

　図書館を「モニュメント」として認識する思考には、人びとの願いや営みといった不可視的な事象がこぼれ落ちやすい。施設としての「図書館」を前提と

する図書館史で常に俎上に載せられるのは、建物や設備の有無である。これら
の特徴は可視化と数値化で、物体としての建物や蔵書がなければ豊かな図書館
とは認定されない。たとえ書架に収められた図書をまったく取り出すことをし
ない死蔵の状態であっても、蔵書量で立派な図書館と判断されることが少なく
ない。この問題に和田敦彦は、「リテラシー史」として「読書環境の形成史」と
いう枠組みを提唱する[3]。書物を、静止した点として捉えるのではなく、人び
との交流やネットワークを含めた「ダイナミックな動き」として捉えるもので
ある。

　沖縄に惹きつけてみれば、地上戦の激しかった土地で物資不足に喘いでいた
沖縄の図書館評価が常に問われていた。沖縄研究にあてがわれた位置は、苦境
の中で這い上がってきたという美談か、アメリカ文化の同調という評価であ
る。沖縄に期待されたのは、日本とアメリカの図書館界の恩恵によって図書館
を発展させたという物語であった。

　第二次大戦で日本本土の防波堤となった沖縄は、国際社会に独立した日本と
は異なり、アメリカの施政権下に置かれることとなった。沖縄各地における土
地の接収や繰り返される民間人への暴行や事件は、沖縄の人びとの日本への復
帰感情を高めさせていた。講和交渉以前の沖縄世論は、70パーセントが日本
復帰を支持していた[4]。しかし、1954年1月7日のアイゼンハワー大統領の一
般教書演説で沖縄の無期限保持が表明されると、米軍統治にたいする抵抗は共
産主義と見做され、その干渉は日本復帰運動にも及ぶことになる。

　たとえば、沖縄教職員会の屋良朝苗による校舎復興運動による約8千万円の
寄付金は、米軍政府の干渉により、校舎建設から図書館建設、さらに紆余曲折
を経て最終的には教材と図書費への寄付金の使途変更を余儀なくされていた。
さらに、学校現場の要望を優先した結果、寄付金にたいする購入備品の割合
は、理科備品が42パーセント、体育器具17パーセント、音楽備品16パーセン
トとなり、図書購入は12パーセントにとどまっていた[5]。つまり、当初は校舎
建設のための資金であったものの、次に図書館建設、そして図書購入に充てら
れるはずであった寄付金は、その多くが顕微鏡などの高額な理科備品に廻る結
果となった。せめてもの救いは、購入した図書が新刊書であったことのほか、

一律に購入したのではなく各校の教員の希望を取っていたことである。約2万6千冊が注文されたものの[6]、小中高諸学校合わせて368校の学校に配分する冊数としては、あまりにも少なすぎた。

　沖縄における慢性的な本不足という状況は、1952年から開始された研究教員制度により全国各地に出向した沖縄研究教員の口から、全国の学校現場に伝えられた。「本が少ない」というひと言は、沖縄の複雑な政治情勢をたとえ知らなくとも、人びとの関心を沖縄へと惹きつけていくことになる。

　1955年1月の朝日新聞の報道以降、新聞メディアを通じて「贈る運動」は次第に広がり、1960年代になると、沖縄への渡航者増加と共に「贈る運動」もピークを迎える[7]。1962年3月19日のケネディ大統領による新沖縄政策、いわゆる日米協調路線の発表により、将来の沖縄の施政権返還が現実味を帯び始め、沖縄の日本復帰に向けた世論の喚起が課題となっていく。すでに沖縄では、教育や医療等の整備を「本土並み」にすることが目指されていた。日本復帰実現のための課題は、大衆つまり民間における沖縄認識であったと言える。

　このように、沖縄への寄贈運動は、日米の政治課題と社会的要請を内包し、マスメディアや教育現場を通して起こされた復帰運動として捉えなければならない。

　沖縄への寄贈運動に関する研究にはいくつかの蓄積がある。まずは、占領下の琉球大学で図書館司書をしていた山田勉が当事者の立場で証言している論稿である[8][9]。山田の記述は、全国図書館大会で酒井悌によって宣言される「沖縄への援助アピール」が、1970年に山田が国立国会図書館長宛てに援助要請をしたことから始まったことを明らかにしている。さらに山田は民間による寄贈運動にも触れており、たとえば南方同胞援護会による寄贈運動、同会から受け取った本をボランティアで配布した沖縄子ども図書センターの新垣淑哲による活動等にも着目している。また、大阪の主婦高井恵子たちの「沖縄へ本を送る会」が沖縄の人びとと交流をもっていたことにも目配りしている。ただしこれらは概要にとどまり、活動の詳細は不明である。漢那憲治は、沖縄県立図書館へ軍政府少佐や川平朝申からの寄贈があったこと、また新聞記事の調査から、福岡の沖縄出身者による寄贈キャンペーンの存在を確認している[10]。漢那は、

戦後沖縄の図書館が寄贈運動に支えられたと指摘する。

　沖縄研究ではないものの、嶋崎さや香は、教育会図書館の設立に深く関わっている寄贈が教員や有力者の誇りや連帯の象徴であったと論じ、図書館設立の陰に存在していた寄贈を可視化している[11)][12)]。

　本稿では、山田と漢那の先行研究を再調査し、不明な点を補足し、沖縄にとって本土からの寄贈運動がどのような意味を持っていたのか、寄贈運動史として表出していきたい。

1　全国各地における沖縄への寄贈運動

1.1　救済としての寄贈

　地上戦で多大な被害を被った沖縄にいち早く大量の本を持ちこんだ川平朝申[13)]の例はよく知られている。1947年4月8日、石川市に開館した沖縄民政府立図書館のおよそ9割が、川平が台湾から持ち帰った図書であった。

　持ち込まれた川平の寄贈書は、若者の渇望を満たしていた。川平によれば、図書館には一般市民のほか高校生がつめかけ、高校生たちは「片っ端からむさぼり」読んでいたという。利用者の対応には石川堅一司書長はじめ、崎浜秀雄司書、出納係が「大わらわ」だったということから、当時の興奮ぶりが窺われる[14)]。沖縄民政府で文化部芸術課長だった川平は、館長を城間朝教にするよう進言し[15)]、東京にいる伊波普猷を探してもらうよう文官のスチュワート少佐に依頼するなど、沖縄の文化復興に向けて精力的に動いていた。しかし又吉康和副知事との対立の末、道半ばで図書館行政から距離を置かざるを得なくなる。

　沖縄文化の継承に注力したものの、川平自身の自己認識はあくまで「日本人」であったことに注目しておきたい。捕虜と誤解されるからと川平に日本兵の軍服を脱ぐことを勧めた米兵にたいし、川平は「私はジャパニーだよ」と答えて着替えなかった。実際、川平自身は沖縄独立論に承服していなかった[16)]。戦後沖縄の寄贈史を探求する上で、その出発点の川平が自己を日本人と規定していたこと、そのうえで米軍政府との調整を図りながら沖縄文化の復興に尽くそうとしていたことを指摘しておきたい。

　敗戦後の「本土」には、疎開者あるいは南方からの帰還者など5万人の沖縄

出身者が在住していたとされている[17]。本土に在住する沖縄出身者によって結成された沖縄人連盟は、図書や雑誌等を送る運動を開始している。沖縄人連盟とは、1945年12月に結成された団体で、発起人代表を比嘉春潮、伊波普猷、比屋根安定、大浜信泉、永丘智太郎らが務め、沖縄への救援物資の送付や引き揚げの斡旋などを行なっていた。後には沖縄連盟と改称していく。本土から沖縄への図書送本運動については、本土に住む沖縄県出身者のための情報紙『沖縄新民報』『自由沖縄』にて繰り広げられた。

　沖縄民政府文化部の当山正堅は、1946年1月に福岡で親泊政博によって刊行された沖縄県出身者のための情報紙『沖縄新民報』上で、沖縄に図書を送る運動を要請する[18]。1947年10月28日には、志喜屋孝信知事から沖縄中央図書館再建のための寄贈願いが沖縄人連盟に依頼されている。これを受けて仲原善忠を会長とする沖縄人連盟総本部は、5万3千冊余の雑誌を沖縄に送っている[19]。また、親泊政博からは『次郎物語』80冊が志喜屋知事宛てに届けられ、それらは沖縄文教部で配布された[20]。さらに沖縄中央図書館では、贈られた図書や雑誌の貸出を、官公庁、学校、各種団体向けに1人1冊にて始めたと機関紙は伝える[21]。

　本土から沖縄への図書輸送には煩雑な手続きが必要であった。沖縄人連盟は、アジア救済連盟（Licensed Agencies for Relief in Asia ＝ 通称LARA）の支援を受け、沖縄軍政府社会事業部LARA救済委員を通じて、東京経由で本を輸送した。図書館用の図書500冊は、東京事務所のアーネストパットが車2台で引き取り、沖縄へ送ることになった。今後もLARAによる寄贈が可能になったことから、連盟は本格的に「送本運動」に乗り出し、次のように述べる。

　　　本を持てるものは本を金のあるものは本代を一人も漏れなく持ちよってこれを郷土に送り精神的かてに飢え渇いている沖縄の同胞に希望と光明を與えて貰いたい[22]。

さらに沖縄連盟は、「送本運動要項」を定めている。
（1）送本責任者　沖縄連盟総本部。
（2）送本集積の場所　東京都港区芝田村町二ノ一日産館沖縄連盟総本部。
（3）諸学術書、小説、雑誌、一般書籍、但し軍國主義的な内容や不健全な読

物は除外する、なるべく終戦後の新事態を知るに足る法律、財政、金
　　融、科学、哲学、宗教美術工芸、小説講談、英語、國漢語辞典、月刊
　　雑誌、絵本服飾（洋裁本）、体育運動、農工水産、産業指導書。
　(4) 寄贈方法個人又は団体で直接本部持参又は郵送による、なるべく寄贈
　　者の住所氏名を書籍に記入のこと、寄贈書の代りに図書購入費の寄附
　　も可、捻出不能の場合は沖縄連盟総本部で負担する [23]。

　戦後体制の情報を中心に、軍国主義と「不健全な読物」は除外され、学術書
から娯楽的読物まで網羅的に集めている。

　連盟には、沖縄文教部山城文教部長から、沖縄の学校数と児童生徒数の報
告、そして教科書が不足しているとの連絡が届いていた。それによると、初等
学校は 142 校に 90,003 人の児童数、中等学校は分校合わせて 90 の学校に 37,819
人、高等学校も分校合わせて 18 校に 7,190 人、文教学校には 107 人、外語学校
には 377 人であった。沖縄の文教部は連盟に、1 校あたり英和と和英の小型辞
書が 3 冊程度必要だと要望している [24]。東京で 300 円の辞書が、沖縄では千円
だしても手に入らなかった [25]。

　1948 年 9 月 9 日、新任の沖山連盟会長、伊元副会長、八木総務部長は、マッ
カーサー司令部琉球部長フィルディングを訪問し、沖縄の状況を聞くなかで、
教科書を追加で 200 万冊のほか、映画フィルムと映写機、書籍、雑誌、リーダ
ーダイジェスト等の外国雑誌をアメリカ側が送る予定であることを知った [26]。

1.2　交流としての寄贈

　台湾や沖縄人連盟による寄贈運動は、各地に住む沖縄出身者が中心となって
おり、郷土救済の一環であったと言える。沖縄にルーツをもたない人びとによ
る寄贈運動は、1950 年代半ばから確認できる。1954 年 12 月 24 日の『沖縄タイ
ムス』では、「静岡から書物のお年玉／税関がとりもつ師走の佳話」として、静
岡大学教育学部附属小学校 3 年生が名護町の東江小学校に雑誌 20 冊、名作童話
15 冊、伝記 8 冊ほか、文房具や子どもの作文などを送ったことを報じている。
沖縄の児童が夏に本土を訪問した際、沖縄の事情を話したことから本が送られ
ることになったという。子どもたちは、本を郵便局に持ちこんでも重量オーバ

一だからと断られ、静岡駅でも日本ではない沖縄には送ることができないと返された。最終的には清水税関に引き受けてもらったという[27]。

伊東市の中学校生徒会からは首里中学校へ2千冊以上の図書や雑誌が送られている。同校では以前から沖縄に本を送っており、その後も文通が続いていた。神奈川大学教授の講演で沖縄の実情が紹介され、さらに同地に出向していた研究教員からも話を聞いて沖縄理解を深めた生徒たちは、読書クラブの提案、生徒委員会の満場一致の可決により「沖縄へ良書を送る運動」を展開したという。単行本483冊、参考書155冊、まんが200冊、雑誌1,401冊、合計2千冊の図書や雑誌が首里中学校に送られている[28]。

文通による交流が「本を送る運動」に展開した例も少なくない。東京都武蔵野市に在住し、勤めながら夜間学校に通っていた当時17歳の黒田操子(みさこ)は、2千冊以上の本を沖縄へ送っている[29]。黒田は、沖縄における米軍の行為の人道的問題を指摘した朝日報道[30]を目にし、「伊江島村民一同様」として慰労の手紙を送っていた。父がフィリピンで戦死した黒田にとって伊江島村民の苦しみが「なぜかひとごととは思えなかった」[31]。その頃の伊江島では300人の米兵が上陸し、住民に銃を突き付けたり暴行を加えたりして住民を自宅から追い出し、耕作地も含めてガソリンを撒いて火を放ち、土地を接収していた。米軍に奪われた農民たちはトラックに載せられて収容所に強制連行されていた。孤立無援と化した伊江島に送られてきた黒田の手紙は、島の人々を励まし、それから手紙による交流が続くことになる。

黒田のことが新聞で報道されると、今度は全国各地から賛同と激励の手紙が黒田の元へ次々と届くようになる。黒田は伊江島の子どもたちに小説や雑誌を送ることを思いつき、帰宅すると支援を要請する手紙を書く毎日が続いた。黒田の元に最初に届いた本は友人からの『放浪記』(林芙美子)であった。

各地のペンフレンドに協力を依頼して本を集めたものの、本を輸送する手段が見つからずにいた。当時、沖縄への輸送代は黒田の給料の2か月分に相当していた。思いあぐねていたところに、大阪工業大学の学生が夏休みに沖縄へ学術講演旅行に行くことを新聞で知る。黒田が事情を伝えたところ、大阪工業大学の学生たちは、日本大学の学生に協力を依頼する。大学生たちが梱包と神戸

までの輸送を引き受け、そののち商船会社の協力もあり、2千冊の本が那覇から伊江島まで送られた[32]。

　黒田のことを調べた大西輝照によれば、「時の人」となった黒田は、当時取材を受けるなかで、記者から平和団体や政治団体との関係を問う問いに、あくまで個人としての行動だと答えている。たしかに黒田の元には組織的な共闘への誘いが相次いでいたものの、「一人の個人的な気持ちから」のもので、あくまでも「文通」と島民を「慰め」ることだと黒田は述べた[33]。

　1950年代後半になると沖縄への善意の輪は広がり、もはや宛先も「沖縄」と「高校名」のみで届けることができた[34]。沖縄学生文化協会では沖縄からの高校生使節団の訪問を機に「本を贈る運動」を起こしている。東京大学学長や早稲田大学総長の協力をも得られることになっていた。沖縄は「教育施設も不備だが、一番こまるのは本」だとして、受験参考書や学習に役立つ専門書や参考書を中心に献本を呼び掛けている。

　研究教員が語る沖縄の実情は、本土の児童生徒に大きな影響を与えていた。宮古島の久松中学校社会科教員の池城恵正は、研修していた文京区茗台中学校を去るときの挨拶で、沖縄では「値段が内地の三－四割も高いため読むこともできない。りっぱな図書館を持ち、自由に本が手にはいる君たちはほんとうに恵まれているからしっかり勉強して下さい」と述べた。このことが生徒会を献本運動に向かわせた。彼らは4日間で英和辞典、国語辞典、漢和辞典、世界名作文庫、少年少女文学全集、『中学生の友』、『子供の科学』など、約千冊の図書を集めることができた[35]。

　沖縄に本を送る運動は、本土の大学生の間にも広がっていた。1962年4月に成蹊大学の学生新聞が沖縄についての特集を組んだ際に、本土の沖縄県学生会から「沖縄へ本を送る運動」のことを知らされ、それが東京女子大学学生新聞部に伝えられた[36]。1962年11月に開催された東京女子大学文化祭には、東京女子大学生新聞部と、これに賛同したユネスコ研・寮生有志・日本学生奉仕団で共同発行したビラが掲示された。そこには、「沖縄では本が不足しています」「あなたの本箱に眠っている書物をみんなのために役立てましょう。あなたの友情を沖縄へ伝えましょう」と書かれていた。東京女子大学、成蹊大学の呼び

かけで、東京学芸大学近代文学研究会、武蔵工業大学の学生新聞で活動が広がり、東京大学駒場寮の有志からも手伝うとの申出があった。こうやって1962年12月、「沖縄へ本を送る運動連絡会」がつくられた。

東京女子大学学生新聞部は「送る運動」について朝日新聞の「読書のひろば」に投稿したところ、約50通の手紙が届き、実際に図書の持ち込みも相次いだ。児童文学全集を持参する「医者のタマゴ」、自分の著書をもちこむ教育行政研究の教授、児童文学者協会事務局長でこぐま社の設立に関わった和田義臣も協力を申し出た。都立小岩四中の学友会が中心となり、全校生徒が協力した。ある中小企業の常務は「もうけ仕事にはあきあきしました。損得なしの仕事をしてみたい」と、日曜ごとに車で本の運搬を手伝うようになった[37]。

さらに献本だけではなく、沖縄への認識が高まっていった。都立明生中学校では、本を集めるだけではなく、職員と保護者代表が沖縄出身学生と話をする会を開いた[38]。世田谷の主婦の「きさらぎの会」は東京女子大学新聞部と連絡をとりながら沖縄県の学生を招いての勉強会を開いた。独自に4年間、波照間島へ本を送り続ける東工大の太田茂比佐氏とも交流することができた。集められた3千冊の図書には、1冊1冊、「沖縄へ本を送る運動連絡会」の学生たちの手で判が押され、そのスタンプには「祖国復帰のために、沖縄へ本を送る運動」と書かれていた[39]。これらの本は1963年3月8日に東京港から沖縄教職員会宛てに輸送された。運送には、製糖を東京に運んだ琉球海運の帰路の船が使用された。

このレポートの著者である東京女子大学4年生の目黒和子は、「沖縄へ本を送る運動」への参加者の類型に、善意型、ヒューマニズム型、イデオロギー型があるとしている[40]。様々な動機によって始められた沖縄への寄贈運動は、広範な広がりをもって人びとに受け入れられたのである。

1.3 友情の証としての寄贈

本土の大学生らの運動に沖縄の若者も触発される。当時29歳の時計修理工の渡嘉敷唯栄は、学術調査隊の大学生が立ち寄ったむつみ堂時計店に勤務していた。年齢が近いこともあり、本土の大学生と会話を交わして離島の本不足を

知ることになる[41]。学術調査に訪れたのは、関西学院大学文学部4年の影浦裕輔、その同級生で八重山高校出身の辺士名武司であった。1963年の初めに八重山を訪れたときに小中校生の教科書や参考書などが不自由なことを知り、大学へ帰ってから「本を送る運動」を始めていた。

渡嘉敷は、影浦の話を聞き、かつての自分自身の経験を想起していた。渡嘉敷が島内をドライブした際に、子どもが新聞の切れ端を「むさぼりよんでいる」ことに胸を打たれたことを思い出していた。「影浦君も一生けんめいやっていることだし、われわれがじっとしているわけにはいかない」と動きだした。渡嘉敷は、客として来店した崎山麗子が那覇中学校の教諭であることを知り、影浦の話をしたところ、今度は崎山教諭が自身の担任クラスの1年14組の生徒に「本を送る運動」のことを相談した。すると64名の生徒たちは運動に「こぞって賛成」し、「1人1冊でも」という合言葉に1週間で2千冊集めた。これらを国頭村安和小中校、伊平屋小中校に送る計画を立てた。すなわちそれは、都市部に住む現地の若者たちが、辺地の学校のために興した「贈る運動」であった。

「贈る運動」は、救済を超えて交流や友情を示す証となっていた。大阪市立東高等学校は八重山明石小学校に2千冊を送り、その御礼に八重山からは与那国に生息する蛾の標本が送られた。標本は学校図書館に展示され、同校では引き続き2か月に1回は本を送る計画を立てた[42]。

北九州の若松市立図書館司書の森山幸年[43]は、1960年1月、児童文化交歓沖縄派遣団として沖縄を訪れている。森山は、子どもたちに自作の童話や人形劇公演を行う若松児童文化会の会長でもあった[44]。森山は沖縄子供博物館に図書の寄贈を続け、同博物館には若松文庫が設置されるまでになった。沖縄で資料を交換し、若松図書館内に沖縄文庫をつくり「友情のシンボル」とした[45]。1966年には森山らは中学生全集56冊、社会辞典、学習図鑑など345冊のほか、コロボックルなどアイヌの木彫りを贈っている。若松児童文化会では、1959年から寄贈運動を続けており、寄贈した図書は千冊余りに上っていた[46]。

1.4 諸団体等による寄贈運動

鹿児島ユースホステル会員で鹿児島県支部長の古木俊雄は、宿泊した奈良女

子大学生9人から、「本土の旅行者たちは図書を送ろうと約束しながらおくってくれない」ということを伝え聞く。古木は早速、全国のユースホステルに呼びかけ、雑誌や単行書200冊を集めて西表の租納の小中学校へ贈っている。「私たち会員は、沖縄で相当親切にしてもらっている。……不心得なものたちの汚名返上のためにもやらなければ」という動機であった[47]。

東京都教育研究所で研修していた久高小・中学校の教諭は朝日新聞に「沖縄の子供へ本をおくってほしい」と投書したところ、1,500冊を突破し、「暖かい本土の友情」の本は、琉球文教図書東京事務所と化粧品会社が輸送を引き受け、同年9月21日に久高小・中学校へ送られた。このことがきっかけで、同小・中学校では新しく図書館をつくる運びとなった[48]。

青年団体による「送る運動」としては、1962年における日本健青会第二次訪問団が図書千冊を持参した活動がある。一次訪問で持参した千旒の国旗に続くものであった。この事例は、「祖国復帰運動」を目的とした「贈る運動」の典型といえる[49]。

台東区青年団体協議会は、1963年正月から毎月沖縄に、新刊の全集を1冊ずつ送っていた。「全集の定期便」は、1962年12月に沖縄へ渡航したメンバーによるもので、「満足な図書室もなく、学童のみなりもみすぼらしいのが目に」つき、「なにかわたしにできることをしなければ」と、講談社刊の世界少年少女文学全集を小禄中学校、今帰仁中学校へ各1冊ずつ送り始めたことがきっかけであった。「古本でなく、新刊本を一冊ずつ贈っていけば、いつかは四十数冊の全集が両校にそなえられる」。同区協議会事務局次長の富川光雅は、会全体で送ることを提案し、浅草の三筋町北部青年会、次に橋場一、二丁目青年会がそれを受け継いでいった。60団体ある台東青年協議会の各団体が数年に一度送れば達成できる、という計画であった[50]。1966年には中央青年会藤平一雄会長が4か月分すなわち4冊を、地元の小学生から託された絵や植物図鑑と一緒に直接届ける予定を立てていた[51]。台東区の青年らの活動は、少なくとも3年は続いた[52]。

陸上海上自衛隊の幹部候補生は、世界の民話102冊を届けている[53]。

駒込ライオンズクラブは、湯島、千駄木など5つの小学校に呼びかけて、沖

縄市の児童に本を贈る活動を行っていた[54]。名護市のライオンズクラブと連携し、夏休みには沖縄と東京の子どもたちの交歓会を開いた。5つの学校から交通事故防止キャンペーンの入選などで選抜された12人の沖縄親善使節団は、1968年8月3日から4日間沖縄に滞在した。交歓会が企画されたきっかけは、1965年の末に駒込ライオンズクラブの2人が名護市を訪れた際に、名護市ライオンズクラブの名嘉間会長から、子どもたちが「本土の本を読みたがっているが、手にはいらず困っている」と聞いたことだった。2人は「帰国」後、古本集めに乗り出したがなかなか集まらないため、地元の湯島、千駄木、関口、駒本、昭和の5つの区立小学校の校長に依頼し、子どもたちの手を借りることにした。5校の児童からは、参考書、童話、小説、マンガなど4千冊があっという間に集まった。「古本とはいえ、はるばる海を渡っての本土からのプレゼントだけに、こどもたちは大感激」し、感謝の手紙が各校に届いたという。図書は昨年5月までに5回、2年間に計2万2千冊の本と10の本箱を届けた。沖縄からは御礼に珍しい貝殻が贈られた。「海を越えた友情をいっそう実のあるものに」として、両ライオンズクラブで交歓会を企画したのである。渡航費用は全額ライオンズクラブが負担していた。沖縄からの交歓中学生9人が8月19日に上京し、ライオンズクラブ会員の寺に宿泊して都内の施設を見学するなどした[55]。

　沖縄への図書寄贈運動の主体は、左派から保守派まで幅広く存在した。動機や思想は違えども、沖縄の日本「復帰」を望んでいる点は共通していた。文通から交流を始めた黒田以外の多くは、沖縄における本不足の情報を基に運動を始めている。

2　韮塚一三郎及び教育長協会の寄贈運動

2.1　全国教育長協会における寄贈運動の経緯

　沖縄で本が不足しているという情報が広がるきっかけは、研究教員や新聞報道、あるいは草の根運動によるものだけではなかった。寄贈運動の全国的展開へのターニングポイントは、1963年6月に盛岡で開かれた第15回全国都市教育長協議会である。同協議会には、非公式で那覇連合区教育長阿波根直成が参

加していた[56]。阿波根はこの席で、「沖縄の教育問題の悩みは学校図書館用の本が少ない事」と発言した[57]。これを聞いた埼玉県大宮市教育長の韮塚一三郎が、会長の千葉清治川崎市教育長に相談し、同協議会で「本を贈る」ことが緊急提案される。当時「社会教育その他一般」を担当する第四部会の会長であった韮塚による「沖縄に本を送る運動」は、満場一致の賛成を得る[58]。全国への協力願いは川崎市の岡田教育長から通達された[59]。

　韮塚一三郎の前職は図書館館長で、日本図書館協会で図書館に関する自由宣言を草案した1人である。阿波根教育長が参加した教育長協議会の会議に韮塚がいたという2つの偶然は、その後の沖縄の寄贈運動を大きく動かすこととなる。寄贈運動の決議の速さは、教育行政の管理職のポストに図書館関係者が就いていたことが大きかったのではないかと思われる。

　韮塚は地元大宮市に帰った後も、同様に寄贈運動を呼びかけている。9月5日の埼玉県及び市の教育長会議の席、翌6日に開催された大宮市小・中学校長会において「沖縄へ図書を贈ろう」と提案し、これには35校の校長が賛同した。寄贈図書の費用は生徒会費、PTA会費からあてられ、主に学習書や参考書を中心に新刊書を購入して阿波根教育長宛てに送ることとなった。なかには小遣いを工面する子どももいたという。約1か月の間に5つの小学校がすでに沖縄へ図書を発送していた。この韮塚による運動は、1963年10月3日の新聞記事「沖縄へ図書を贈ろう／全小、中学校で／大宮市教育長が呼掛け」として新聞に掲載される[60]。

　新聞報道への反響は大きかった。翌々日、韮塚は旧友の横浜国立大学教授の吉田太郎からの手紙を受け取る。吉田もまた1961年と1962年に社会科の講義で琉球大学に招聘されたとのことであった。吉田は、広島高等師範学校で屋良朝苗や阿波根朝松などと旧知の仲であった。「私も死ぬまで沖縄のためなら小さいことでもしてあげようと思います」、「先生の御発言でどれほど沖縄の教育界は喜ぶことでしょうか」、「特に学校図書の貧しさは目にあまります」という手紙と共に、教育環境の実態を知らせる1963年度の『教育白書』[61]の抜き刷りが同封されていた。教育を生業とする者たちにとって「沖縄に本を」というフレーズは、心を搔き立てられるものだった。

1963年11月から翌年2月にかけて、沖縄の303の学校に各校平均10冊を皮切りに、3回に分けて配本された。最終的には6,030冊が26の県、62の都市、470校から贈られた[62]。現地の学校や教育委員会、PTAから次々と感謝状が届き、韮塚の元には児童生徒の文集『み国の春』[63]が送られる。

2.2　児童の文集に見る「贈る運動」

『み国の春』は、「本土の友だちの温かい友情」への感激と、さらに「友情を温める」意味を込めて小中学生によって書かれた作文集である。「み国の春」というタイトルは、1945年6月に自決した牛島満中尉の辞世の歌「秋を待たで枯れゆく島の青草はみ国の春によみがえらなん」から取られたものである。

沖縄教育長協会長の阿波根直成は、行政上「分離」しているけれども沖縄では日本の教育制度が適用され、日本と同じ教育課程、同じ教科書を使用しており、「いつかは日本に復帰するのだ」と希望をもっていると伝えている。「日本を知らない沖縄の子供」と「沖縄を知らない日本の子供」たちが「兄弟」であることを互いに知り、「図書をとほして結ばれた友情」を深められるとして次のように紹介される。

み国の春は戦後十八年になっても、まだ訪づれて来ないのでしょうか、さにあらず。今回の温かい贈物が必ずや沖縄の子供たちの心の中に緑したるゝうるほいを与えたことでしょう[64]。

文集『み国の春』にはスナップ写真も掲載され、図書が運び込まれる様子や、教職員が共同で本を仕分け運び出す当時の姿が見てとれる。

文集の子どもたちの作文には、当時の学校図書館の様子が窺われる。西原小学校の2年生は、「今では、としょかんの本は二千さつぐらい」あった[65]。宮古島の北小学校では30冊ほど送られてきていること、学校に図書室が無いけれど来年あたりに図書館が出来る予定であった[66]。全校生徒150名余りの上本部小学校の2年生は、校門の隣に「りっぱなとしょかん」があるものの、「中にはあまり本がない」ため、その半分に理科の道具を入れている、と書いている[67]。東江小学校2年生は、習字のけいこの後には図書館で本を毎日読んでいること[68]、那覇市の真和志小学校には図書館があり、そこには「たくさんの本」

があることの他、東京からの観光客が増えたことを知らせている[69]。真和志小学校には、群馬県、鳥取県、大阪府から本が贈られていた[70]。せきた小学校3年生は、週1回の読書の時間と放課後に読んでいると伝えている。読書ノートに感想を書き始めると作文が上達すると書く。「学校じゅうのせいとでうばいあい」になる新しい本の匂いが好きであることと、その匂いから送った「みなさんのにおい」と「やさしい顔」が出てくると書いている[71]。城辺小学校でも寄贈図書は図書館に置かれていた[72]。

　羽地小学校には図書館はないものの、普通教室を図書室にしていた[73]。美里小学校では1,400名の生徒にたいし「わずか七百さつ」であり[74]、屋部小学校の5年生は、図書館はあるけれども本の数は少なく、「みんなが思う存分利用できるまでには後何年かかるか」と書いている。さらに「本土の学校では図書館のない学校はほとんどないことでしょう」と綴り、このため「本を読むということ」は「みなさん方におくれている」としている[75]。上野小学校5年生は、放課後に図書室に行くことが楽しみであること[76]、八重山伊野田小学校5年生は、図書館はあるものの本が少ないこと、「よい本をたくさん読んで、りっぱな生徒になり」「本土のみなさんのご恩にむくいたい」[77]とする。越来小学校5年生は、本のおかげで読書が好きになり、「なかなか足が向かなかった図書館へ」よく行くようになったという。ただし「千冊位」の本はこれまで「家への貸し出し」は6年生のみだったのが「みなさまのおかげ」で5年生も借りることができることになりそうだと、寄贈図書のおかげで貸出制限が緩和されたことを伝える。そしてこれからは「社会」や「自然」を知りたい、と書いている[78]。浦添小学校の6年生は、贈られた本が童話や伝記物語で「読みたいと思っていた本ばかり」であること[79]、城辺小学校6年生は、教室に教師が本を運び込んだ様子を書いており、本を抱えてきた先生を「わーっすごい」と「はくしゅでむかえ」たとする。担任が新潟県の石坂小学校から送られた本であることを伝え、諸注意を説明し終わると、割れんばかりの拍手が鳴り響いた。教師の読む「長い鼻の小人」を味わった後、生徒らは新潟県について地図で調べたという[80]。兼原小学校6年生に送られた40冊の本には、図書係が印を押し、書架に並べた。1,300人の生徒数に800冊しかなかった図書が今では千冊に増え、借りる

ことに不自由しなくなったとする。この6年生は、これまで低学年用図書が不足していたけれど、今回の寄贈がそれを解決したと喜んでいる。

文集を読んだ韮塚は、「贈られてきた新本に頬をすりつけて喜ぶあどけない姿」を知り、涙を禁じ得なかった[81]。

3 学力問題解決のための寄贈

本を送ることは「本土の人間として当然のことで、むしろ遅すぎた」[82]と、鹿児島に住む30歳の教員が「沖縄に本を送る会」を結成している。鹿児島県曽於郡有明町の有明中学校教諭で種子島出身の茅野毅[83]は、1968年9月、鹿児島県教職員組合沖縄派遣団の1人として沖縄を訪れた。茅野はある女性教員から、同情は「もうたくさん」という言葉を耳にしていた。本土から沖縄を訪れた教育者たちは、口々に「かわいそう」と述べるばかりであった。沖縄には、「実情視察」という名目で多くの教育者たちが訪れていたものの、同情のみを抱き行動に移さない教員らに、茅野は「いきどおりさえ感じ」ていた。

図書館を「教室や廊下のすみに書庫を持っているのはいい方で、一冊もない学校さえ多い」とのことだった。「教育については憲法は習うが、それは"他国"のものでしかない」、沖縄では教育と現実社会の歪が大きいとする。「あすの沖縄をつくるのはこどもたちです。その糧になるのが本です」と沖縄の教員は語っていた。沖縄を去る前日、北部で小学校2年生の少女に茅野は、「古い本でもいいから送ってね」と懇願されていた。

茅野が同僚や教え子たちと結成した「沖縄に本を送る会」の会員は130人で、大阪、名古屋、広島からも申込があった。沖縄への輸送には税関料も必要であった。送料や輸送の手続きは、琉球海運の総代理店共進組が引き受けてくれた。月100円の会費では本を買うのに精一杯で、送料を工面し切れなかったところへの助け舟であった。茅野は、「これからは毎月一回送る計画」で、沖縄が日本に復帰したあとも続けたいとした。送料で船舶会社に迷惑をかけないよう「もっと会員をふやさねば」とも考えていた。「沖縄返還デー」の1969年4月28日、「沖縄に本を送る会」の会員130人が集めた350冊の本が、鹿児島から発送された。

沖縄における本の少なさは「異常」なくらいで、そのために「沖縄のこどもたちはほんとに本に飢えて」いる、と茅野は言う[84]。

　　　同じ日本人であるのに、……どうして差別教育を受けなければいけないのか。そんな子らに、私にできることは本を送ることでした。

さらに茅野は、書店に並ぶ本は少ないうえに、本そのものが高価な沖縄では、食べることに精一杯の家庭の子どもは、親に本をねだらない、と指摘する。

ただし、教師である茅野の運動は、指導者の立ち位置にあったことを指摘しなければならない。

　　　本を送ることを通じて沖縄を知ることが沖縄返還につながるものだと信じています。また、返還が実現しても、本土の子らと同じレベルになるまで、十年以上はこの運動をつづけるつもりです[85]。

たしかに沖縄では学力低下問題が常に問題視されてきており、教師の茅野はそのことを憂いていた。しかしながら、「同じレベルになるまで」と眼差される沖縄の子どもたちは、本土側の茅野にとって指導される者と無自覚に措定されている。さらに、ここで言う「沖縄を知る」という意味は、後述する大阪の主婦たちの運動における沖縄理解とは、異なる性質のものだからである。

4　日本図書館協会の寄贈運動

4.1　遅すぎた寄贈運動

民間で繰り広げられる本の寄贈にたいし、図書館界の沖縄対応はどのようなものであっただろうか。

1950年10月25日、佐賀県立図書館長の小出憲宗は日本図書館協会事務局にたいし、沖縄援助の具体的な方策を要望している[86]。小出は、沖縄中央図書館長の城間朝教宛てに、(1) 沖縄の図書館現況、(2) 必要な援助、(3) 連合軍政下において日本から図書を入れてよいかどうか、の3点を照会したところ、城間館長からは、(1) 4つの公立図書館の蔵書数7,448冊 (表1「1950年末の沖縄図書館の蔵書数」参照) と建物を新築中[87]であること、(2) 参考資料が不足していること、(3) 軍政府からは、日本からの図書受入の了解を得ていることの回

答が寄せられた[88]。

表1　1950年末の沖縄図書館の蔵書数[89]

図書館名	洋書	和書	計
沖縄中央図書館	77	1,704	1,781
首里図書館	746	1,270	2,016
石川図書館	1,182	1,257	2,439
名護図書館	355	857	1,212
計	2,360	5,088	7,448

　1951年3月16日から東京上野公園内国立博物館で開催された文部省主催全
国図書館長大会では、福岡県立中央図書館長菊池租が、沖縄では新館が建設さ
れたものの、蔵書が揃わないという城間館長からのメッセージを朗読すると、
会場からは沖縄中央図書館の設立を祝う拍手が鳴り、「蔵書が速に沖縄図書館
の書庫を満ちあふれるようあらゆる面から協力すること」を申し合わせてい
る[90]。『沖縄新民報』が伝える「図書館長大会」とは、都道府県から館代表2名、
教育委員会から1名、合わせて3名の出席で開催された文部省主催の「全国ワー
ク・ショップ」とみられる[91]。
　1953年3月10日の日本図書館協会の定例会常務理事会では、沖縄からの「留
学生」が「帰国」するため、6月の大会までに必要な援助を申し出てもらい、
「大会の名で援助する」ことが話し合われている[92]。しかし、同大会でそのよ
うな提案や決議がされた記録は確認できない。一方で長崎県立図書館は独自に
2,882冊の教科書を寄贈している[93]。
　1957年の図書館大会では、沖縄から琉球大学附属図書館司書の山田勉が大
会へ参加しており、このとき「沖縄県図書館協会について」[94]が緊急提案され、
同協会を日本図書館協会に加盟するよう勧誘することが申し合わされ[95]、山田
は1958年度から協会員となっている[96]。1958年の『図書館雑誌』には、琉球大
学図書館事務長の平良恵仁[97]により、沖縄の公共図書館の活動が「低調」であ

ることと、その一方で、法律と施設整備を進めている学校図書館の方が公共図書館より先を行っていると報告されている。報告の最後には「なにぶん御支援御援助の程お願いします」としている。

1961年11月7日から9日にかけて開催された「昭和36年度全国図書館大会」の学校図書館部会ではフロアから発言があり、沖縄内で学校図書館の格差があること、遅れている学校では校舎建築に予算が回されるため、図書館が後回しにされているという問題点を挙げている。本土の法律が適用されない沖縄で、ようやく来年には学校図書館法を作る予定であること、そのための資料を多く集めたい、という主旨であった。発言者は「不明」とされているものの、当時の沖縄事情を熟知していることから、沖縄から出向いた出席者であることは明らかである。この発言にたいし議長の芦谷清は、「沖縄の図書館関係の人達とも今後連絡をとって行きたい」と答えている[98]。このときの司会は品川区立大崎図書館の小河内芳子である[99]。

1962年3月27日の理事会で検討された評議員選挙規程改正案では、その附則に「沖縄は当分の間都道府県とみなす」[100]という文言が挿入された。定款改正案は、日本図書館協会の「組織強化委員会」が1958年から1960年までの間に現状を分析して報告されたものを基に、定款改正調査委員会、常務理事会が審議したものである。しかし、結局、評議員選挙規程そのものが改正されなかった[101]ため、沖縄を都道府県扱いとする案は実現されなかったとみられる。

1965年11月25日から27日まで熊本で開催された全国図書館大会には、琉球政府立法院図書館図書係長だった大城宗清[102]が琉球政府図書館長の代理で出席し、「沖縄の図書館情勢について」と題して報告している[103]。ただしこのときの『図書館雑誌』の記事で報告されたのは図書館数と職員数、沖縄学校図書館法の制定、一般教諭が司書を兼務していることである。記事を見る限り、図書の寄贈については要請されていない。

沖縄への寄贈支援は、地元の図書館を介さずに別のところから日本図書館協会に依頼されている。那覇市役所史料編纂室から依頼を受けた日本教育会館附設教育図書館長の森田俊男が、全国の図書館にたいし、教育機関誌の『琉球教育』『沖縄教育』を所蔵していないかどうか『図書館雑誌』で呼びかけてい

る[104]。地方史の編纂に必要な郷土史料が先の大戦で焼失したために、全国から沖縄の図書を収集する必要があった。

　日本図書館協会が沖縄支援に乗り出すのは、戦後25年が経過した1970年になってからのことであった。日本図書館協会は1970年3月12日の理事会で、沖縄の図書館事情調査のために調査員を派遣することを話し合う。先述したように、沖縄図書館協会の山田勉は、これより前に国立国会図書館長宛てに援助要請をしていた。理事会の出席者は、斎藤敏理事長、岡田温、小田泰正、叶沢清介、酒井、清水正三、石川正如、加藤豊、田中隆子、浪江、日高一、宮田平三、村松次郎、良本義雄、石井秀雄である[105]。1970年7月2日の常務理事会で、酒井理事から「沖縄に本をおくる運動」が提案され、創立80周年記念として沖縄支援を進めることが承認された[106]。沖縄図書館協会から1970年度総会の出席要請を受け、同年10月8日の常務理事会で日本図書館協会は、酒井理事を沖縄へ送り出す[107]。

　1970年10月17日[108]に開催された沖縄図書館協会の総会に日本図書館協会代表として出席した酒井は、図書館協会の沖縄認識と沖縄の期待との差異に「恥ずかしさを禁じ得なかった」としている。なぜなら酒井は、沖縄では新刊図書の定価が本土より2割から3割高いことと買い取り制であること、そのために新刊書が少ないことを現地に赴いて認識したからである。学校の建物も本土に見劣りせず、学校図書館の運営理念も把握され、38の高校のうち18校には専任司書教諭が配置されている一方で、図書資料が不足していた。読谷村の中央公民館やその近くの波平公民館図書室が「堂々」とした「立派」な建物である一方、蔵書は「貧弱」で、子どもたちは修理を重ねた本を「貪り」読んでいた[109]。波平の公民館では、「煉瓦のような代物」になってしまった古書を、職員が児童と「せっせと」手直しし、子どもに笑顔で対応する姿に酒井は言葉をつまらせた[110]。

　沖縄では日本復帰にあたり、制度も生活も「本土並み」とすることが要請されていた。しかし「本土」よりも先進的な部分は「本土並み」に引き下げられ、遅れている部分は「頬かむり」になると懸念されていた。たとえば琉球政府立立法院は図書館職員17名、調査室職員40名と議会図書室としては、国会図書

館の小型化した理想的な運営であったものの、「本土並み」に3分の1に削減されることが予定されていたのである。戦後四半世紀を経てようやく知る沖縄の図書館実情に、酒井は次のように報告している。

> 復帰時期の近接とともに期待のベールが1枚1枚とはげおちて失望と落胆のみが残るという状態になるとしたならば、20年間の占領にあえいだ島民を裏切ることこれよりはなはだしいものはないであろう。結論的にいえばわれわれ図書館関係者を除いては一体誰が沖縄館界を援助するのであろうか。沖縄の館界に常に暖い眼でもって実質的な援助を与えていたのは米国の民間の財団だけであったという事実の前に、われわれ本土の図書館関係者は慙愧の思いに胸がしめつけられるのである[111]。

日本復帰を手放しで喜ぶことができないこと、さらに日本図書館協会が図書に関して援助してこなかった事実を、酒井はようやく認識し得たのである。建物は立派であっても和図書が少ないということがそれを示していた。

しかし、酒井の沖縄認識がそのまま日本図書館協会全体に伝わるかどうかは別次元の問題であった。

4.2 「海外」としての沖縄

沖縄から帰った酒井は、1970年11月5日の常任理事会で「沖縄図書館界報告」を行い、協会からの提案として5日後の11月11日から13日に広島で開催する第56回全国図書館大会に於いて、「沖縄へ本を送る運動」を全国の参加者に呼びかけることとなった。

しかしこのとき、当時琉球政府立医学図書館長で沖縄図書館協会事務局長の大城宗清は、海外代表の1人としての扱いを受けていた。イギリス、ハワイからの参加者と同様に「海外代表」の3人目として登壇したのである。たしかに沖縄はまだ日本の「域外」であったものの、日本への復帰はすでに決まっていた。大城は、先の大戦で「行政分離」したこと、「近々復帰を控え」るなか努力をしつつも「本土との較差が開らく」ため支援を願いたいと述べた。その挨拶はどちらかと言えば抑制の効いたものであった[112]。後日、誌上で報告された沖縄代表の挨拶にたいする日本図書館協会側のコメントは、「あまり雄弁では

ないが心のこもった訴え」にたいし「共感と同情」をおぼえたとしている。た
だし、その事後報告は淡々としたもので、日本復帰を目前にした「沖縄」を「海
外」の枠組みで壇上に立たせたことについての説明はない[113]。

　一方で、酒井の全国図書館大会における沖縄援助アピールは、聴衆の心をつ
かむ名演説であった。米軍政府から琉球政府の管轄下になった途端に図書購入
費が4分の1になったこと、視聴覚資料室とは名ばかりで中は空っぽであると
述べ、終戦食後の食糧難を例にし、「1冊の雑誌はひと粒のお米」「1冊の図書は
ひと椀のご飯」と訴えて、沖縄に図書の寄贈を呼びかけた。

　ただし酒井は演説のなかで、寄贈運動を「本土復帰のお祝いのしるし」（傍点
は筆者による）にしたいと述べていた。沖縄では戦争で多くの命を失い、講和
条約では日本から分断され、軍事施設の撤去が実現されないまま復帰すること
になっていた。様々な「失望と落胆」が沖縄の住民をどのような複雑な境地に
立たせていたのか、たとえ現地を見てきた酒井であってもその理解は困難だっ
たとみられる[114]。恩情が下された席は、実は沖縄代表にとって屈辱と背中合
わせにあったのである。

　しかしながら、その後の酒井の動きは速かった。1971年1月7日の常務理事
会では、酒井から国立国会図書館が輸送費を受け持つこと、NHKや東大から
連絡があったことが報告された。そして窓口を日本図書館協会と沖縄図書館協
会に設け、酒井を委員長とする臨時の委員会をもつことが確認され、次から次
へと沖縄援助対策が講じられていく[115]。酒井は、1971年1月14日に開催され
た私立大学図書館協会昭和45年度第2回東京地区部会でも沖縄の窮状を訴え、
沖縄の大学図書館充実援助について、それに向けての国立国会図書館による対
策について話をしている[116]。全国図書館大会における酒井のアピールはマス
コミや多くの団体から注目を集めることができ、日本放送出版協会、私立大学
図書館協議会、学校図書館協議会から支援申し出の他、国立国会図書館の沖縄
援助予算が計上されることになった。

　1971年11月17-19日の日程で岐阜市において開催された日本図書館大会で、
協会長の代理として後に沖縄図書館協会副会長の山田勉は「沖縄に本を贈る運
動」にたいする謝辞を述べ、最後にこう加えた。

沖縄の本土復帰のあかつきには、日本の一県人として、日本図書館協会
　員として、参加できることを、ほんとうに嬉しく誇りに思います（傍点は
　筆者による）[117]。

　山田自身は1958年に日本図書館協会の個人会員となっており[118]、すでに協
会への参加を果たしていた。しかし彼がそのことに触れず、「日本の一県人」
として協会員に迎えられたと述べたのは、昨年の大会、すなわち「海外」とし
て扱われたことへの精一杯の抗議だったと思えてならない。

　沖縄を「海外」とする図書館界の認識は、講和発効時期における国立国会図
書館の対応にも表れている。国立国会図書館が1952年3月付で「米国より琉球
関係書誌を求められ」（傍点は筆者による）作成したのが、『琉球文献目録稿』
である[119]。これは、伊波普猷、柳田国男、折口信夫などの研究書の他、沖縄
に関する雑誌や新聞記事まで加えた目録である。「短時日の間に編集したもの」
で「未定稿」のまま印刷された、とあることから、沖縄占領にあたってアメリ
カからの急な要請があったとみられる。アメリカ政府の沖縄統治は旧慣温存政
策、すなわち日本としての沖縄ではなく「琉球」文化を尊重して日本と切り離
す政策を施していく。国立国会図書館がアメリカから求められて「寄贈」した
とみられる目録は、沖縄の占領統治を下支えした情報であったということが言
える。

5　主婦たちの寄贈運動

　1960年代後半には女性による「本を送る運動」が増えていく。渋谷区婦人学
級を卒業した「主婦」たちは、1965年10月に自費で沖縄を訪問していた。見学
した那覇市泊小学校の児童生徒から、教科書はあるものの学校図書が少ないと
いう声を聞いていた。「本土の図書はほしいのだが、手にはいりにくいし"輸
入書"だから値段が高い」という[120]。その後、代表の松島小夜子を中心に「沖
縄会」を結成し、渋谷区内の40団体の協力を求める。そうして集まった300冊
の児童書は、研修で東京に滞在していた伊佐初子と久貝喜代ら11人らに託さ
れた[121]。「沖縄会」は、区内各地の婦人団体に「沖縄の子供たちに日本の図書
を贈る運動」をすすめていて、1965年10月30日の贈呈はその第1号であった。

渋谷区庁舎で行われた贈呈の場では、「本土と沖縄の主婦を結ぶ窓口」として「渋谷会」が沖縄の泊地区に結成されたことが報告された。泊小学校には「渋谷文庫」が設けられ、子どもたちは「沖縄会」へお礼の手紙を出すなどして交流が続いた。

「沖縄会」はその後も引き続き運動を進めていた。1967年11月に、日本青年館で行われた全国青年大会に参加していた日本青年団協議会沖縄代表団の比嘉正儀氏に児童図書などを泊小学校に届けてもらうよう300冊を寄託している。それまでにも700冊の図書を贈り続けており、その数は2年間で千冊であった。

最後に挙げる事例は、大阪府在住の主婦である高井恵子たちが始めた「沖縄に本を送る運動」である。高井たちの「沖縄へ本を送る会」の活動は、1970年から1998年の約30年にわたり、おそらく数ある沖縄への寄贈運動のなかで最も長期間続いた寄贈運動である。本を送るだけではなくメンバーは実際に沖縄に出向き、地元の子どもたちや教員たちと親しく交流を重ねていた。いったいなぜ高井たちは30年間も活動を続けたのだろうか。

1968年3月、大阪で夫や息子と平穏に暮らす主婦の高井恵子は、ある新聞記事が目に留まる。それは「沖縄の先生が見た本土／"留学"6ヵ月の印象と批判／腹が立った無関心さ／知られぬ沖縄の現実」[122] というもので、「内地派遣沖縄研究教員」として神奈川県の小中学校で実際に教壇に立っていた3人の教員へのインタビュー記事であった。高井は、それより遡ること3か月前の新聞に掲載された、海を竹馬で渡る沖縄少年の写真を記憶に留めていた。その写真の少年の屈託のない笑顔は、高井自身の田舎での日々を思い起こさせていた。

インタビュー記事では、3人の教員が一番驚いたこととして本土の書籍の安さが紹介されていた。

> 沖縄では、本は確実に二割高い。たとえば三百円の本は一ドル(三百六十円)という具合に、円をドルに換算したときの端数がみんな切上げられる。
> それに専門書が少なく、本土に注文すると着くまで三ヶ月もかかる。

本が高くて入手しづらいという沖縄の現状を知った高井は、成長した息子がかつて読んでいた本を送ろうと決心した。新聞社に連絡すると、「主婦として格好の良い運動」だと歓迎され、記事で掲載されたなかの金城勝代教諭を紹介

される。金城教諭に手紙を送ると、ほどなく「本土に来てからこんな暖かいお手紙を頂いたのは始めてだ」という返事が来た[123]。

しかしそこから1年半の間、高井は本を送ることができずにいた。その理由は3つ、家の本を集めたところ50冊から60冊の量にしかならずにこれでは少ないと思ったこと、2つめは郵送料の高さ、そして決定的だったのは、夫から「そんな事は金持ちのすることだ」と反対されたことであった。悶々としているうちに金城から高井の元へ再び手紙が届く。1969年11月に日米共同声明が発表され、日米両政府は1972年中に沖縄復帰を実現させることになっていた頃である。

金城からの手紙には、「本土のことを学び、人間として教師として立派な日本人を育てるため成長したい」と書いてあった。これを読んだ高井は、「自己主義な自分」を恥じた。「私には祖国のないことがどんなに不安でみじめなことかわかっていなかった」、「ひたすら本土復帰まで」と過酷な運命のなか耐えた金城教諭と自分とを比べていた。「彼女のために何か役に立ちたい」と考えた高井は、「約束の本もまだ送っていなかった」と我に返る。

　　　沖縄の子らのために本を送ろう！主婦の私にできることは、これしかない！[124]

高井は仲間に呼びかけたところ、早速励ましの手紙とカンパを送る者、別の者は糸満小学校に本を送るなど、協力を得ることができた。賛同者が3人、4人と増えていき、1970年3月、高井はついに「沖縄へ本を送る会」を結成する。本だけではなく送料代のためにカンパも集めようと話し合い、主婦たちの寄贈計画が立てられていった。高井の夫は「走り出したら止められないんだぞ」と、相変わらず妻たちの寄贈運動に反対していた。しかし高井に迷いはなく、2年前と異なり賛同する仲間もいた。「もう負けない。働こう！　働いて得た資金なら遠慮はいらない」と、高井はアルバイトを始めるのであった[125]。

「熱病にかかっているよう」に無我夢中で走り出したものの、高井のアルバイトは長くは続かなかった。運動を広げるための広報に連日明け暮れるようになったからである。同窓会や趣味の集まりに顔を出し、友人知人に手紙を出して訴え、新聞のコラムへ投稿し始めた。反応が高かったのは新聞で、投稿が採

用されると「どっと協力者」が現れ、高井はその対応に追われたのである。そのうちに夫の方が根負けし、「病気になられたら却って高くつく」から、と妻の運動に協力するようになる。

「本を送る運動」はすべての人に理解されたわけではない。高井の夫が自身の会社の同僚に声をかけたものの、誰一人賛同者は現れなかった。それどころか政治的な運動だと誤解される始末であった。あきらめた夫は、「これは主婦にしかできない運動だ」と言い、休日には荷造り発送を手伝うようになっていた。20kgのダンボールを荷台に乗せてゆらゆらと自転車のペダルを踏む夫の後ろ姿に、高井は胸を熱くした。この当時、最寄りの郵便局からは沖縄行きの発送を受け付けてもらえなかった。それだけこの当時、沖縄へ本を送るというのは並大抵のことではなかった。

高井らの寄贈運動が他の運動より群を抜いているのは、送る本の量と頻度である。たとえば1970年における活動を挙げると、次の通りである[126]。

2月1日、糸満小学校へ送本。

5月26日糸満小学校へ『子どものしあわせ』[127] の1年分送付手続き。

5月30日糸満小学校へ送本。10kg、17冊。

6月20日糸満小学校へ送本。20kg、23冊。

6月24日糸満小学校へ送本。20kg、36冊。

8月22日糸満小学校へ送本。10kg。

9月13日糸満・屋良小学校へ送本。

10月17日糸満小学校へ児童画125枚と20kg、47冊送付。

11月21日糸満・屋良小学校へ送本。各20kg。

「本を送る会」の支援は、書物だけではなかった。会員の久保三也子は、本の御礼にと絵巻物や読書感想文が送られてきた伊是名小学校の前田由美子との文通を長年続けていた。小学校2年生の手紙は最初ひらがなばかりで、そのうち手紙の漢字が少しずつ増えてきて成長していく過程を久保は見守っていた。1985年の記念文集には、高校2年生になった由美子が「本という形のなかで」という文を寄せてきた。

　　物心ついた時、私に見る事を教え、書く事を教え、そして読むことを教

えてくれたのは一冊の本でした。……私達が物事を行う時、いつも背後で
その行動を支えているのは限りない数々の本のような気がします。……
人間として人間らしく生きるために、私は人生という自分の中の一冊の
本を書き続けるために、この縁を生涯結びつけて行きます[128]。

「送る会」からの寄贈を受けた頃の伊是名小学校では、村との長い交渉の末
に司書補を置くことができた[129]。「せめてものお礼」にと仲田栄光校長は児童
の作品と貝殻を「送る会」に送った。本を媒介とし、人と人が交流を始めてい
た。

「送る会」による寄贈の甲斐あって、1980年代半ばには伊是名小学校の図書
は4千冊になっていた[130]。

高井ら「沖縄へ本を送る会」の運動の特徴は、単に本を送るだけのものでは
なかった。たとえば100人の「主婦」に沖縄への意識をアンケート調査し、「沖
縄での日常語は」との問いに13パーセントが英語、11パーセントが「わからな
い」との回答を得ている。沖縄における「小・中学校の教科書は」という問い
に、「本土と同じもの」が59パーセント、「米国のもの」22パーセント、「わか
らない」19パーセントの回答にたいし「いかに沖縄のことを知らされていない
か」としている[131]。

沖縄認識を問うアンケート調査は、子どもたちにも影響をあたえた。寝屋川
市立成美小学校6年羽田淳子、上野裕子は、近所の大人と子供にアンケートし
たところ、沖縄に関心があるのは半数、英語を使っていると答えたのは1割で
あった。新聞で高井の記事を見たのがきっかけで、夏休みに沖縄について調べ
て、クラスで漫画や図鑑90冊を集めていた[132]。

寄贈だけではなく、沖縄との交流を深めたいとする高井と沖縄側との距離を
埋めるのは並大抵のことではなかった。寄贈運動のきっかけとなった糸満小学
校の金城教諭からの、沖縄返還によって本土への「違和感」や「堅い壁」が除
かれた気がするという手紙に、会員は「ものすごいショック」を受ける。それ
まで本土側の人間に「違和感」を持っていたことに、高井らは驚いたのであっ
た[133]。金城も当初は「ヤマトーグワー（本土の者：筆者注）」に「真心なんか
ないんだ、単なるあわれみなんてまっぴらだ」という気持ちを抱いていたこと

を後に告白している[134]。

　本を送ることに「夢中」だった高井たちは、いかに自分たちが沖縄のことを知らなかったのかを自覚的に学びとる。30歳代後半から50歳代までの会員は、ひめゆり[135]部隊と同じ年ごろで、「沖縄にはとくに親しみを感じる世代」であった[136]。高井らは、寄贈運動を「庶民の交流の橋渡し」と位置付け、次のように述べる[137]。

　　　本土への不信感はなかなか消えないという報道を聞くと……沖縄を切離したのは為政者だが、沖縄を犠牲にする政府に庶民が寄りかかっていたといわれても仕方がない……庶民の力では政治を直接、動かすことはできない。しかし、互いに現状を知合って、沖縄との一体感を強めることが、主婦としてできるせいいっぱいの行動ではないかと会員たちは結論を出した。

　高井たちは、寄贈運動を通して、沖縄の現状を知ることの重要性に気付いたのであった。

　「沖縄のことなんかしていたら、就職にさしつかえるよ」と忠告する者もあった。「進歩的で意識が高い」グループからは、「本がたりないなら政府に働きかけるのが先決だ、民間で勝手に本を送ったりしていては、かえって運動にマイナスになる」と言われたという[138]。政治行動と距離を取った高井たちの活動は、「沖縄の人たちが本当に欲しがっているのは本という物資ではなく、沖縄の苦しさを理解する心なのだ」ということに行き着く。高井は「私ら、同情や慈善でやっているのと違います」と言い、「その人が新聞やテレビを通じて沖縄に関心をもってくれたらいいと思います。そして本土への不信を少しずつ、くずすことができたら…」と述べる。沖縄への寄贈運動は本の支援にとどまらず、人との交流へと展開していった。送る本が少なくなるので「交流を深めるために、意見交換するノートをつくろうというプラン」も出される。最早「寄贈」を越えていた。夫や子供のことが話題になりがちだった会話も、いつしか沖縄や政治について話し合うようになっていた。

　高井たちの寄贈は、学校図書館や公共図書館の収書にも役立てられた。美里小学校教頭の宮良芳からは、29冊の本の御礼と「早速図書館に配架いたし

ます」という手紙が届いた。宮良教頭は、この寄贈運動をしている団体が「お母様（主婦の方々）で構成されている事を知って感激に胸をつまらせています」[139] と綴っていた。

　学校図書館が併設されている知念村立図書館の司書の儀間良子は、「嬉しい反面」、「自分たちの図書館だけが恩恵を受けるのは」[140] と高井からの寄贈を断ったこともあった。しかし実際に訪れた高井たちの、「まだまだ図書は必要だね」という明るい一言に、儀間は寄贈を引き続き受け入れようと思い直した。

　子ども文庫運動の展開が、脆弱だった図書館活動に起因するとした吉田右子[141] の分析に倣えば、沖縄の図書館における図書不足を補完していたのは、たしかに高井たちの寄贈運動である。主婦たちの寄贈運動は、沖縄の図書館を支えていたのであった。

6　「悪書」追放の余波と図書館の任務

6.1　「悪書」の処理場としての沖縄

　沖縄では、なぜこんなにも図書が不足していたのだろうか。第1に、戦争後の物資不足の状況、第2は、校舎復興運動における寄付金の図書費流用の失敗である。第3は、取次制度が沖縄で適用されていなかったことで、復帰以前の沖縄において図書は、他の商品と同じく買い取り制であった。それは、売れるという保障のある図書が優先的に入荷されることであった。第4は、輸入扱いの図書は、日本より2割から3割高かったことである。価格が高いということは、経済的に厳しい家庭にとって図書の購入がままならなかったことを意味する[142]。

　沖縄で図書が求められた背景に、本土における悪書追放運動の余波があったことを指摘したい。1963年11月の沖縄の新聞は次のように伝えている[143]。

　　本土の悪書追放で店頭からシメだされたわいせつ雑誌が、そのハケ口を沖縄に求めて流れており、那覇市内の各書店には、大なり小なりわいせつ雑誌が陳列され、また路次［ママ］に設けられた夜店には目をおおうばかりの悪書がはんらんしている状態。

　沖縄が、日本「本土」から「追放」された「わいせつ雑誌」の捌け口となって

いるという記事である。「子どもを守る会」等が興した、青少年の育成を保護するための悪書追放運動が、オリンピックを控えた東京の浄化運動として再燃していたのである[144]。

「悪書追放」運動とは、戦後の解放感に伴う出版物「エロ・グロ」読み物が増加し、1949年に政府は内閣官房に青少年対策協議会を設置、1955年には各都道府県に青少年条例の制定及び出版界等に自主規制を要請した「読まない 見せない 売らない運動」である[145]。沖縄の場合、書籍と雑誌は自由輸入扱いのために全国のような自主規制がなかった。そのため全国から排斥された出版物が沖縄に流れ、店先に成人用雑誌が陳列される状況にあった。「子どもを守る会」と沖縄教職員会は、1963年11月7日、書店と映画館にたいして「本土と歩調を合わせ」るよう自粛を要請した[146]。ただでさえ本の入荷量の少ない沖縄の書店では、子どもたちに読ませたい図書、いわゆる「良書」と呼ばれる類の書物よりも、「悪書」とされるものの割合が本土に比べて相対的に高かったのである。

「追放」に反論したのが沖縄書籍輸入組合長の真栄城玄明であった。真栄城は、「どの本が悪書」かの基準を決めるのは難しいとした。さらに、沖縄で「わいせつ」週刊誌が売れるのは米軍施設周辺の区域であり、一律に本土に追従するのではなく「沖縄の特殊性」を考慮に入れるべきと主張した[147]。真栄城の立場は書店組合を守る側であったとはいうものの、沖縄の置かれた状況を客観的に指摘していた。しかし沖縄教職員会や子どもを守る会の要請を受け、琉球政府は、「本土なみに」沖縄でも青少年保護育成法をつくる方針を固める[148]。

この頃、隣県の鹿児島から「親子20分読書運動」が紹介された[149]ものの、「よい本」を読もうにも、紹介されている図書の多くが沖縄では入荷していなかった。1963年11月、沖縄に訪れた、日本書籍出版協会関係者は、沖縄で「新刊書の紹介が、あまりなされていない」と指摘している[150]。子どもに読ませたい図書、良質とされる新刊児童書が、沖縄では圧倒的に不足していたのである。

6.2 『沖縄新民報』の社説にみる図書館の任務

　沖縄における図書不足の問題については、1950年2月の『沖縄新民報』の社説[151]においてすでに次のように指摘されていた。

　　　沖縄の場合は甚しく読書に不自由し、読書子の多くが精神的失調症状に
　　　おち入り、密貿で流入した日本のカストリ雑誌にさえ飛びつく始末だか
　　　ら、日本の図書館よりも更らに一段と社会的任務が重い訳である。

　読書の機会を提供するのは図書館であり、沖縄の場合はさらに日本よりも「社会的任務」が重いとしている。

　続けて記事では、旧時代の図書館令が「敗戦後の新時代に即応するのは餘りに間がぬけて」おり、そのため新しく成立する図書館法に期待している。戦前の沖縄の図書館は、日本の学会で郷土史料の豊富なことが知られていたものの、「大衆にとけ込み教育の分野から社会教育の体系の中に、その座を占めようとする努力は、いさゝか足らなかつた」、つまり民衆の図書館ではなかったと苦言を呈している。「新時代の図書館」では「大衆性を織り込み」、「街頭に進出するような生きた動く図書館でありたい」とするのである。「動く図書館」における「一番の問題」として、「館員の素質」と蔵書と予算の有無を挙げ、「理想と現実を如何にマッチさせるか」としている。さらに社説は、「学校教育は新体系の下に沖縄も日本も再出発をした」（傍点は筆者による）として、これにたいする図書館への期待を込める。

　　　社会生活に自主性を主張しつゝのぞまんとするとき、その精神的食糧配
　　　給機関たる図書館が機能を発揮し得ざるに於ては、大きな失望を与える
　　　であろうことは火を見るより明かである
　　　図書の充実はもとより望ましいことであるが竿頭一歩を進め、図書館の
　　　公共性を確立し社会の公僕として奉仕するの概念を明らかにし、進歩的
　　　な経営をもつて、沖縄文化再建の基本性を、図書館自らが戦いとらねば
　　　ならない[152]

　社説は沖縄の図書館に公共性と自主性を強く求めていた。遠く本土の地から沖縄に向け、民衆の精神的食糧である図書の提供と、沖縄文化を再建することへの自覚と図書館の自立を訴えていた。

ただしこのときの社説は、沖縄民政府立の図書館としてスタートできることの展望を持っている。しかし結論からすれば、沖縄中央図書館はその期待に応えることができなかった。正確に言うと、「生きた動く図書館」は、米国民政府管轄の琉米文化会館によって実現されていくのである[153]。

おわりに

　寄贈運動は、沖縄における読書環境をたしかに補完していた。彼ら／彼女らの支援は書物に留まらず、人びととの交流をも生み出し、なかには沖縄の図書館を支えていた運動もあった。

　日本語で紡がれる書物は、「日本」を象徴する最適な贈り物に違いなかった。書物に込められたのは、沖縄の日本復帰、それはすなわち沖縄が「日本」になることへの歓迎の意である。贈り手自身もまた、日本復帰を熱望する沖縄の人びとを見て、自分のアイデンティティーである「日本」を再確認していた。だからこそ、贈るのは金銭でも食料でもなく、日本語で書かれた書物でなければならなかった。そして彼／彼女らは、書物を通して「日本人」として生きる覚悟を交換したのである。

　しかしながら「本を送る運動」の情意行動に潜むパターナリズムを、私たちは見てとらなければならない。保護と指導は表裏一体で、金城教諭が当初警戒していたのも、善意の裏に潜む指導性であったと思われる。その緊張関係が解除されるのが、高井たちの運動に見られるように、本土側の人びとが沖縄を学び始めたことにあった。高井らが沖縄のことを知らなかったと自覚したとき、黒田が伊江島の現状を知りたいと乞うたとき、贈る—贈られるという一方向の関係から、相互的関係へと移行したのである。

　書物の流通には委託販売制度が適用されず、沖縄で書籍は輸入扱いの上、円とドルの換算により割高となった。そのため一般の図書、特に児童書は、沖縄の人びとにとって物的にも価格的にも入手しづらいものであった。その上、日本本土から「追放」された「悪書」の行き着く先が沖縄であった。それはすなわち、文化面においても、日本本土で不要とされたものの処理場が沖縄であったことを意味する。制限されない「悪書」の流入は、ただでさえ少ない「よい本」

を子どもたちの目に触れさせる機会を少なくすると懸念され、そこに「本土並み」へという合言葉が掛けられた。過剰にさえみえる日本への思慕には、機会均等への希求と、個人の努力で解決することのできない構造的問題が内包していたことを理解しなければならない。

　立場や思惑はそれぞれ異なりながらも、多くの人びとが沖縄を同朋として認識し、寄贈を続けていた。そのなかには、図書館の自由宣言を提唱し、大宮市教育長に転身した韮塚一三郎が、沖縄への寄贈運動を牽引していた。それに比べて日本図書館協会の対応はあまりにも遅すぎた。寄贈については度々議題に挙げられていたものの、復帰直前の図書館大会で沖縄代表を「海外」とする対応は、沖縄への無関心さを露呈するものであった。

　民間の図書寄贈運動は、沖縄の読書環境と図書館を支えていた。今後の課題は、寄贈運動に関わった側、受け入れた側の調査を重ね、草の根運動の思想的営為を形にしていくことである。アメリカに提供された沖縄に関する図書目録の行方も含めて、全国を巻き込んだ図書寄贈運動が、沖縄戦後史や図書館史にとってどのような意味をもつのか、引き続き考えていきたい。

謝辞

　本稿は、2022年12月4日放送の琉球放送iラジオスペシャルの放送「沖縄に本を送る運動：図書館から見た50年」（企画：土方淨）の内容を一部再構成し加筆したものです。本稿の執筆中に、高井恵子・亮太郎様から資料の寄贈を受けました。あらためてお礼を申し上げます。

注

1）吉見俊哉「一九四〇年代：敗戦と戦後のあいだで」栗原彬・吉見俊哉編『ひとびとの精神史：敗戦と占領』岩波書店, 2015, p. 2.
2）マルセル・モース『贈与論』岩波書店, 2014, 489p.
3）和田敦彦『書物の日米関係：リテラシー史に向けて』新曜社, 2007, 406p.
4）桜澤誠『沖縄現代史：米国統治、本土復帰から「オール沖縄」まで』中央公論新社, 2015, p. 32.
5）杉山悦子「「愛の教具」が戦後の沖縄にもたらしたもの：戦災校舎復興募金による

購入図書を中心に」『琉球・沖縄研究』5, 2017.6, p. 99-113.

6）同上.

7）沖縄への渡航が緩和した1960年代にピークを迎える。たとえば沖縄に訪れる人の数は、1959年は17,758人、1960年は19,712人、1961年になると29,089人にのぼった（公用者、一般訪問者、商用者の合計人数）。以下を参照。沖縄公文書館『観光関係（1961年観光収入推定額　国籍別入域者　都道府県別観光団来訪状況）1962年』（資料コードR00070383B）p. 24.

8）山田勉「「沖縄に本を贈る運動」に対する謝辞」『沖縄の図書館と図書館人』沖縄図書館史研究所, 1990, p. 199-200.

9）山田勉「沖縄へ本を贈る運動」『沖縄の図書館』編集委員会編『沖縄の図書館』教育史料出版会, 2000, p. 110-121.

10）漢那憲治『米軍占領下における沖縄の図書館事情：戦後沖縄の図書館復興を中心に』京都図書館学研究会, 2014, p. 21-36.

11）嶋崎さや香「教育会図書館の社会的意義：滋賀県八幡文庫（1904〜1909）を例に」『図書館界』67（1）, 2015.5, p. 2-17.

12）嶋崎さや香「図書館設立過程と地域社会 −信濃図書館を例として−」『京都大学大学院教育学研究科紀要』62, 2016.3, p. 115-127.

13）川平朝申『終戦後の沖縄文化行政史』月刊沖縄社, 1997, 384p.

14）同上, p. 61-64.

15）杉山悦子「図書館空間と交流：占領下沖縄の経験と琉米文化会館」相関図書館学方法論研究会（三浦太郎・川崎良孝）編『公立図書館の思想・実践・歴史』松籟社, 2022, p. 165.

16）前掲13）, p. 41-42.

17）沖縄大百科事典刊行事務局編『沖縄大百科事典　上巻』沖縄タイムス社, 1983, p. 539.

18）沖縄図書館史研究会「沖縄県」『近代日本図書館の歩み 地方篇』日本図書館協会, 1992, p. 822

19）記事に掲載されている礼状には、「沖縄人連盟総本部会長　仲原善忠殿」とされている。「連盟の寄贈図書／中央図書館の書棚に志喜屋知事から禮状」『自由沖縄』1948.3.20, 4面.

20）同上. 志喜屋知事からの礼状に拠る。礼状が送られた日付は1948年1月10日。

21）同上.

22）「沖縄え書籍を！／連盟、送本運動に乗出」『自由沖縄』1948.3.20, 4面.

23）同上.

24）「教科書なしで授業／民政府教材不足で悩む」『自由沖縄』1948.6.30, 2面.

25）「沖縄へ本を送れ／軍政府ウ氏空路上京」『自由沖縄』1948.7.30, 4面.

26）「教科書編纂を準備／更に日本から二百萬冊」『自由沖縄』1948.10.10, 2面.

27）「静岡から書物のお年玉／税関がとりもつ師走の佳話」『沖縄タイムス』1954.12.24, 2面.

28）「本・雑誌をどっさり／研究教員などが結ぶ、温い友情のかけ橋／伊東中学から首里中校へ」『沖縄タイムス』1954.12.30, 2面.

29）「沖縄へどっさり本／学生たちが荷作り／実るペンフレンドの友情」『沖縄タイムス』1955.7.29, 夕刊3面.

30）「米軍の『沖縄民政』を衝く／米国からの手紙で自由人権協会が調査／アジア法律家会議にも報告／農地を強制借上げ煙草も買えぬ地代」『朝日新聞』1955.1.13, 朝刊7面. 国際人権連盟議長ロジャー・ボールドウィンから自由人権協会に宛てた手紙には、以下のように書かれている。「合衆国当局が、一方的にきめた非常に低い代価で土地を強制買収し、その土地を非常に高い使用料をとって貸付け、土地の地主たちを虐待しているということです。これに対して沖縄人たちが抗議しましたが、米軍当局はそれを共産主義者だと応酬しています」。

31）「沖縄へ一少女の激励／米紙へも窮状訴える一文／現地から"涙の便り"喜ぶ伊江島の人たち」『朝日新聞』1955.3.29, 7面.

32）大西輝照『「沖縄の太陽」物語：島ぐるみの闘いへの序曲 一女子高校生の沖縄への愛』あけぼの出版社, 1995, p. 75-88.

33）同上, p. 74.

34）「沖縄の学生に書籍を」『読売新聞』1959.12.30, 朝刊3面.

35）「沖縄のお友だちに本を／生徒会が千冊集める／茗台中研修に来た先生に託す」『読売新聞』1962.9.22, 朝刊9面.

36）東京女子大学「「沖縄へ本を送る運動」の波紋」『大学論叢』1（1）, 東京大学学生問題研究会, 1963, p. 4-5.

37）同上, p. 5.

38）同上.

39）同上.

40）同上.

41）「"じっとしておれない"／辺地の子に本を贈る運動／立ち上がる渡嘉敷さん」『沖縄タイムス』1963.11.22, 朝刊7面.

42）「沖縄へ贈る本、ぞくぞく集まる／高校生や一般も協力／関西学院大学の呼びかけで」『沖縄タイムス』1963.7.28, 朝刊3面.

43）日本図書館協会図書館調査委員会編『図書館職員名簿』日本図書館協会, 1960, p. 102.

44）北九州市史編さん委員会編『北九州市史 近代・現代 教育・文化』北九州市, 1986, p. 446.

45）森山幸年「沖縄訪問記」『こどもの図書館』1964.7, p. 6-7.

46）「こけしや図書どっさり／若松児童文化会から／ことしも沖縄の子に」『琉球新報』1966.3.2, 朝刊7面.

47）「鹿児島から友情の本／約束をはたす西表へ一陣／全国のユースホステルによびかけ」『沖縄タイムス』1963.8.8, 夕刊3面.

48）「本土から"友情の本"／一教師が呼びかけ／離島の子たちへ贈る」『沖縄タイムス』1963.9.22, 朝刊7面.

49）健青運動十五年史編纂委員会編『健青運動十五年史：人づくりをつみあげて』日本健青会中央本部, 1964, p. 361-362.

50）「恵まれない沖縄の子らに本の定期便／ことしで三年目／一女性の善意をリレー／台東区青年団体協議会」『読売新聞』1965.1.22, 朝刊13面.

51）「こんどは持参して／沖縄の子らに世界文学全集／台東区青年団体協議会／あす出発」『読売新聞』1966.1.23, 朝刊13面.

52）「沖縄の子に愛の贈本／青年会長さん／新刊書を持って来沖」『琉球新報』1966.1.26, 朝刊7面.

53）「児童に役立てて……／自衛隊 民話などの図書贈る」『琉球新報』1966.2.23, 夕刊3面.

54）「"祖国の本"二万冊贈り／ごほうびに沖縄旅行／文京の児童代表名護の友だちと交歓」『読売新聞』1968.8.2, 朝刊13面.

55）「沖縄からも使節団／駒込本を贈る運動で友情」『読売新聞』1968.8.20, 朝刊13面.

56）韮塚一三郎『忘れえぬ人びと：教育五十年』埼玉新聞社, 1980, p. 244.

57）「沖縄へ図書を贈ろう／全小、中学校で／大宮市教育長が呼掛け」『朝日新聞』1963.10.3, 朝刊15面.

58）前掲56), p. 242-244.

59）「"沖縄へ本を贈ろう"／埼玉県大宮市で盛り上がる」『沖縄タイムス』1963.10.4朝刊7面.

60）前掲57).

61）沖縄教職員会『教育の実態　1963年度教育白書』沖縄教職員会, 1963, 126p.

62）沖縄教育長協会『み国の春：沖縄へ図書を贈る運動への感謝文集』(1), 沖縄教育長協会, 1964. 4, 43p. 参照部分は、阿波根直成の「刊行にあたり」(頁無).

63）同上. 沖縄教育長協会『み国の春：沖縄へ図書を贈る運動への感謝文集』(2), 沖縄教育長協会, 1965.5, 87p.

64）前掲62).

65）同上, p. 4

66）同上, p. 5.

67）同上, p. 6.

68）同上, p. 7.

69）同上, p. 8-9.

70）同上, p. 13.

71）同上, p. 9.

72）同上, p. 10.

73）同上, p. 11.

74）同上, p. 14.

75）同上, p. 17.

76）同上, p. 18.

77）同上.

78）同上, p. 19.

79）同上, p. 20.

80）同上, p. 22.

81）前掲56), p. 243.

82）「第1便350冊を発送へ／沖縄に本を送る会／中学教師の運動が実る」『朝日新聞』
　　1969.4.29, 夕刊10面.

83）「人その意見／同情だけでなくあすの糧を」『朝日新聞』1969.5.13, 朝刊5面.

84）同上.

85）同上.

86）「ニュース」『図書館雑誌』45（1）, 1951.1, p. 24.

87）県立図書館長の図書館新築に関しては、このときの城間にとってアメリカ側に管
　　理運営が移されることはまだ予想し得ないことであった。

88）「沖縄図書館に対する援助問題」『図書館雑誌』45（2）, 1951.2, p. 7.

89）同上.

90）「日本全国図書館／沖縄図書館に同情」『沖縄新民報』1951.4.5.

91）「全國ワーク・ショップ」『図書館雑誌』45（2）, 1951.2, p. 10.

92）「事務局通信」『図書館雑誌』47（4）, 1953.4, p. 30. このときの出席者は、土井、武
　　田、森、弥吉、有山であった。

93）『図書館雑誌』47（6）, 1953.6, p. 25.

94）正確には「沖縄図書館協会」であるが、資料には「沖縄県」とあるためそのまま転
　　記している。日本図書館協会編『近代日本図書館の歩み　本編』日本図書館協会,
　　1993, p. 661.

95）『図書館雑誌』51（7）, 1957.7, p. 305.

96）「新入会員」『図書館雑誌』52（4）, 1958.4, p. 118.

97）「北から南から」『図書館雑誌』52（6）, 1958.6, p. 188.

98）「学校図書館部会」『図書館雑誌』56（2）, 1962.2, p. 104.

99）同上, p. 101.

100）「定款の改正について」『図書館雑誌』56（4）, 1962.4, p. 4-9. 引用は p. 8.

101）評議員選挙規程の改正は、1960年の次は1971年である。日本図書館協会編『近代日本図書館の歩み　本篇』日本図書館協会, 1993, p. 575.

102）1969年の沖縄図書館協会総会で、大城は沖縄図書館協会事務局長となる。「ニュース」『図書館雑誌』63（12）, 1969.12, p. 55.

103）『図書館雑誌』59（12）, 1965.12, p. 26.

104）「北から南から」『図書館雑誌』64（2）, 1970.2, p. 3.

105）「理事会・評議会」『図書館雑誌』63（5）, 1969.5, p. 35.

106）「協会通信」『図書館雑誌』64（8）, 1970.8, p. 38.

107）「協会通信」『図書館雑誌』64（11）, 1970.11, p. 39.

108）山田は19日と記している。前掲9）, p. 110.

109）酒井悌「沖縄図書館界の現状とその援助について」『図書館雑誌』65（4）, 1971.4, p. 39.

110）前掲9）, p. 110-111.

111）前掲109）.

112）「昭和45年度全国図書館大会日程及び記録（抜粋）」『OLA会報』2（2）, 1971.8, p. 4.

113）久保輝巳「'70全国図書館大会ハイライト」65（1）, 1971.1, p. 6-7.

114）酒井悌「"沖縄に本を贈る運動"提唱：沖縄図書館界に対する援助アッピール」前掲112）, p. 1-2.

115）「協会通信」『図書館雑誌』65（2）, 1971.2, p. 32.

116）「ニュース」『図書館雑誌』65（3）, 1971.3, p. 41.

117）前掲8）, p. 200.

118）「事務局通信」『図書館雑誌』52（4）, 1958.4, p. 118.

119）国立国会図書館支部上野図書館編『琉球文献目録稿』国立国会図書館支部上野図書館, 1952, 57p. 印刷・発行は3月。

120）「沖縄の子らに本を贈る運動／渋谷の婦人たち」『朝日新聞』1965.10.24, 朝刊16面.

121）「沖縄の子供に三百冊／渋谷の「本を贈る運動」第一号／上京の母親らに託す」『読売新聞』1965.10.31, 朝刊13面.

122）「沖縄の先生が見た本土／"留学"6ヵ月の印象と批判／腹が立った無関心さ／知られぬ沖縄の現実」『朝日新聞』1968.3.7, 11面.

123）沖縄へ本を送る会編『きずなを求めて：1971-1985 私たちの十五年』沖縄へ本を送る会, 1985, p. 116.

124）同上, p. 117.

125）同上.

126) 同上, p. 34-36.

127) 日本子どもを守る会編『子どものしあわせ：母と教師を結ぶ雑誌』（福音館書店）
とみられる。

128) 前掲123), p.18.

129) 同上, p. 17.

130) 同上, p. 20.

131) 比率は60歳以上5パーセント、50歳代10パーセント、40歳代50パーセント、
30歳代30パーセント、20歳代5パーセントであった。同上, p. 38-39.

132) 「小学生らも協力／届いた百六十冊、四千円」『朝日新聞』1971.1.9, 朝刊3面.

133) 「沖縄へ本を送る主婦たち／一体感強めたい／大切なのは理解する心」『朝日新
聞』（大阪）1970.11.11, 朝刊13面.

134) 前掲123), p. 15.

135) 齋木喜美子「戦場の記憶と記憶の継承における課題：「ひめゆり」のイメージ形
成に少女雑誌が与えた影響を手がかりに」齋木喜美子編著『立ち上がる艦砲の喰
残し：沖縄における教育・文化の戦後復興』関西学院大学出版会, 2022, p. 51-76.
齋木は、少女雑誌を介した「「ひめゆり」の伝説化」を指摘している。寄贈運動に
励んだ「主婦」たちがどのように「ひめゆり」を受容していたのかは、今後の検討
課題である。

136) 前掲133).

137) 前掲123), p. 34; 前掲133).

138) 前掲133).

139) 前掲123), p. 36-37.

140) 沖縄へ本を送る会編『きずなを求めて：その後の十三年』沖縄へ本を送る会,
1998, p. 16-17.

141) 吉田右子「1960年代から1970年代の子ども文庫運動の再検討」『日本図書館情報
学会誌』50（3）, 2004, p. 106.

142) さらに復帰前の沖縄には税制制度の混乱もあった。財政の1割強が教員の給料
や教材、消耗品費、建築費、図書購入費などに充てられていた。しかしながら、
経済の厳しい市町村では教育税の徴収が滞り、租税の理解や徴収に地域間格差を
生じさせていた。ただし、教育税には地方教育財政の独立と中立性を有していた
という評価がある。以下を参照。嘉納英明「沖縄の教育委員会制度をめぐる歴史
的動態：教育税制度の創設と制度運用をめぐる諸問題の検討」『九州教育学会研究
紀要』24, 1997.6, p. 229-236.

143) 「むずかしい輸入規制／沖縄は悪書の天国／業者や一般の自粛がカギ」『沖縄タ
イムス』1963.11.22, 朝刊4面.

144) 大尾侑子『地下出版のメディア史：エロ・グロ、珍書屋、教養主義』慶応義塾大

学出版会, 2022, 465p. 参照は p. 343-344.

145）『50年史』編集委員会編『日本雑誌協会 日本書籍出版協会50年史』日本雑誌協会, 2007, p. 139-140.

146）「"悪書"追放を具体化／全連出版社の要望をける／沖縄でも教職員会中心に」『沖縄タイムス』1963.11.7, 夕刊4面.

147）同上.

148）「青少年かを悪から守る／防犯対策協議会／保護育成法を検討／悪書追放にも力こぶ」『沖縄タイムス』1963.11.15, 朝刊11面.

149）「盛り上がる鹿児島の親子20分読書運動／子が読み、親が聞く」『沖縄タイムス』1963.11.13, 朝刊3面.

150）当時沖縄の教育関係者は、本土の学校図書館法について出版視察団の一行から聴取している。「図書館の現状を聞く／本土出版視察団が関係者と懇談」『沖縄タイムス』1963.11.1, 朝刊4面.

151）「沖縄の図書館とその社会的使命」『沖縄新民報』1950.2.5. 署名はない。

152）同上.

153）占領下の沖縄では、情報センターあるいは大衆啓蒙としての図書館技術が、アメリカから持ち込まれて展開されていく。前掲15）.

アメリカ公立図書館と集会室：概史

川崎　良孝

はじめに

　『地球の歩き方』が刊行されたのは1979年だが、その少し前の1976年頃（大学院博士課程の時）、アメリカに1年滞在したことがあった。その滞在中、1週間ほどミシガン州フリントのアメリカ人にお世話になった。この市はデトロイトの北西100キロの地点にあり、ジェネラルモーターズの発祥の地で、当時はビューイックという人気のある車の大工場があった。町の人口は自動車産業に左右され、1970年の人口は193,317人、1980年には159,611人と漸減した。なお2020年には81,252人で全盛期の見る影もなく、犯罪の多い危険な町とされている。筆者が訪れた1976年頃は人口も多く、典型的な労働者の町であった。まだ日本人は珍しいのか、フリントを訪れる1週間ほど前にホストファミリーに連絡すると、日本について何か話してみないかと打診され、話は最小限にして参加者から質問を受け、それに答えることにした。筆者は大陸横断バス（グレイハウンド）で観光しつつ常に移動しているので、あとはホストファミリーにお任せした。当地に着いて知ったのだが、ホストファミリーは公立図書館に小さな集会室の予約を取ろうとしたが、すべて埋まっていたという。その代わりに用意されたのが、放課後の学校の教室だった。公立図書館の集会室が頻繁に使われていることに驚いた。その後、旅行中に図書館を訪れて質問する時、集会室の利用状況を問うたが、例外なく「ほとんど毎日」という回答なので、質問をやめてしまったのを覚えている。いま1つ驚いたのは、学校の教室に10

数名が集まったことである。学校というのは嫌な思いをしている人も多いので、あまり集会の場として適切と思われないのだが、アメリカには日本のように公民館や社教センターのような施設が少ないので、学校が利用されたのであろう。集会室についてはこうした経験があるので、研究という意味ではなく、ごく普通に関心を持っていた。

　ところで筆者が知的自由を研究する過程で、公立図書館の基本的性格として法概念としてのパブリック・フォーラムを扱う必要があった。その発端となったのがミシシッピー州オックスフォード公立図書館で生じた「アメリカを懸念する女性」事件の判決（1989）で、この裁判で図書館集会室はパブリック・フォーラムになっていると判断された。その後の公立図書館の基本的性格に触れる裁判は例外なく、この事件に言及してきた[1]。知的自由に関わる集会室の問題とともに、筆者は公立図書館における集会室の歴史的展開にも関心を抱いていたが、この研究は先送りにしてきた。今回、2022年から「公立図書館集会室の理念と現実の確執に関する歴史と現状の分析」との題目で科学研究費を獲得したので、集会室の歴史を探ることにした。

　アメリカ公立図書館の集会室について個別館での集会室の利用実態などを簡単に報告した記事は多いと思われる。しかしながら公立図書館において集会室は中心的な存在ではなく、付随的な存在として把握されてきたので、集会室を柱にして論述した研究業績は皆無である。そうした研究状況を踏まえて、集会室の歴史を第2次世界大戦後まで素描することにした。1章では、19世紀末までの状況をかいま見る。そこでは公立図書館との関係で、ボストン公立図書館とボストン商事図書館を取り上げる。ここでは本稿の主題よりも若干広い視点で、集会室活動、講演会活動にとどまらず、両図書館の相違をも指摘しておく。具体的にはボストン公立図書館の発足（1854）に伴い、商事図書館が受けた影響と商事図書館の対処もまとめる。2章ではカーネギー図書館と集会室を取り上げ、20世紀になって集会室の配置が確立してきたことを示す。と同時に集会室は依然として付加的な扱いであったことも指摘する。3章では、まずアメリカ図書館協会の包括的な図書館調査（1926-1927）の報告書に「集会室と講演会ホール」という項目があり、その調査結果を紹介する。続いて同時期に

最も広範な集会室活動を実施していたと思われるセントルイス公立図書館での集会室利用の実態を明らかにする。4章ではジョゼフ・L.ホイーラーとアルフレッド・M.ギセンズの大著『アメリカ公立図書館の建物』（1941）にみられる集会室の扱いを確認し、続いてアメリカ図書館協会の『戦後公立図書館基準』（1943）など3つの公立図書館基準での扱いを示す。このような記述でアメリカ公立図書館における集会室の歴史が概観できる。

1　19世紀末までの公立図書館と集会室

　筆者は『アメリカ大都市公立図書館と『棄てられた』空間』で19世紀の公立図書館における新聞や雑誌の扱いを以下のようにまとめた。

　　1868年ウィンザー調査をもとにマサチューセッツ州の公立図書館全体をみると、雑誌も新聞も提供していない図書館が圧倒的に多かった。まさに図書館は「図書」館であった。一方、マサチューセッツ州の商事図書館やYMCA図書館といった一般向けの会員制図書館の場合、定期刊行物の提供に力を入れており、公立図書館とは対照的であった。こうした傾向は、単にマサチューセッツだけでなく、全国的な傾向といえた。なお1890年代になると公立図書館では雑誌や新聞の提供は通常のサービスとして定着していた。全般的なサービスに触れれば、商事図書館は大量の複本購入、講演会の開催、チェス室や喫煙室の配置、一定の会話の許可などを取り込んでいた。商事図書館は公立図書館よりも多様なサービスを行っていた。しかし当地に公立図書館が設置され、公立図書館が利用者の関心を取り込むにつれて、商事図書館は衰退していった[2]。

　要するにボストン公立図書館長ジャスティン・ウィンザーの調査によると、1868年頃の公立図書館はもっぱら図書に限定し、19世紀末になって図書に加えて雑誌や新聞を提供するようになったということで、集会室活動などに乗り出す館はほとんどなかったということである。一方、商事図書館は講演会など多様な活動を行っているが、その主たる意図は会員や住民の知識欲を満たすとともに、収入を増やして管理運営（特に図書購入費）に当てることにあった。

1.1 ボストン公立図書館と集会室

　集会室についてボストン公立図書館を例にとると、1858年にアメリカ最初の大規模公立図書館の建物（ボイルストン街図書館）を建設したが、この図書館には集会室はもちろん、職員の作業室さえも配置されていなかった[3]。1873年にボストン公立図書館はアメリカ最初の独立したロックスバリー分館（ボストンの分館としては3番目だが、1番目は元校舎の2階、2番目は銀行に間借りしていた）を設けたものの、この分館にも集会室はなかった[4]。また1888年には壮大なコプリー広場中央館の配置図を発表した。そこにも集会室はなかったし、児童室さえなかった[5]。後者については、学校を卒業した人を対象とするというボストン公立図書館成立時の思想を体現していたと考えてよい。しかし現実に1895年に開館した図書館の配置図をみると、2階（ベイツ・ホールの階）に1888年当時は書庫、科学雑誌、研究者閲覧室であった場所に、講演会室と児童室が現実に配置されていた。児童室は1895年の開館とほぼ同時に開かれたが[6]、講演会室が実際に開かれたのは1899年である。すなわちジェイムズ・L.ホイットニーの館長報告は「講演会室」（Lecture Hall）という項目を設け、1899年5月17日に開室式典が行われた旨を報じている[7]。そして「マサチューセッツ図書館クラブの集会や多くの講演に用いられている」と記すとともに、1900年3月からは図書館主催の一連の講演会コースを設けると予定を述べた。1900年の3月と4月には、9名のボストン公立図書館の幹部や図書館に理解ある著名人が、「教育と公立図書館」、「ボストン公立図書館などの初期の歴史」、「エドワード・エバレット回想」、「ベンジャミン・フランクリン」といった題目で講演を行った。また芸術クラブ（Unity Art Club）の主催で、ハーバード・カレッジの教授による「紀元前6世紀のバビロニアの社会生活」、マサチューセッツ工科大学の教授による「ルネサンスの建築」など、3つの講演会が開かれた。これらはいずれも展示会と結びついていたし、立体幻灯機を用いた斬新なものであった[8]。

　翌年も芸術クラブ主催の講演会などとともに、図書館主催としては3月と4月に「市の行政の方法」との題目で多くの講演が行われ、イギリスの市行政、中世ドイツの市での公共生活、水道設備、街路の整備、交通といった題目で話

された。またマサチューセッツ図書館クラブなどといった団体が集会に利用した[9]。翌1902年も芸術クラブ主催の講演会など、それにストーリーテリングやアンデルセンの寓話についての講演会も開催された。図書館主催としては3月、4月、5月に「市の美観の向上」との題目で、街路や広場、未来の都市、小住宅など多様な内容の講演会が開かれている。さらに多くの団体が講演会室を利用したが、それにはアメリカ図書館協会年次大会の全体会、それにアメリカ東方協会、マサチューセッツ図書館クラブなどがあった[10]。

　ボストン公立図書館の配置図をみると、部屋の名称は「講演会室」（Lecture Room）で、市民グループなどが気楽に集まることができる空間ではなかったと推察される。そして年報をみると具体的に講演題目、講演者の名前と身分を掲げているが、参加人数などは示されていない。ボストン公立図書館は20世紀に入って集会室活動に乗り出したと把握できる。

1.2　ボストン公立図書館とボストン商事図書館

　ボストン商事図書館はニューヨーク商事図書館と同じ1820年に生まれ、翌1821年にはフィラデルフィア商事図書館が発足した。これら3館は代表的な商事図書館で、ニューヨークやフィラデルフィアは19世紀後半に最盛期を迎える。1820年にボストン商事図書館が発足した当初、商業に従事する若い事務員、簿記係、販売員などの実務や教養に役立つ知識、それに道徳や文化の育成に資する知識の提供を目的にしていた。しかしおおむね商事図書館の蔵書は、「商事」図書館としての特徴を有する蔵書ではなく、一般的な主題にわたる蔵書であったり、蔵書になったりした[11]。そして図書館財政の維持という観点から、会員も「商事」関係者に限定せず、いっそう広範になり女性も受け入れていった。ところで1854年5月にボストン公立図書館はメイソン街でささやかに出発した。その時期の商事図書館の状況をまとめたのが、表1「ボストン商事図書館の活動：1854-1856年」である。

　1856年初頭にボストン商事図書館はいっそう便利な場所に移動した。それまで図書館の利用は日曜と祝日は休館で午後1時から午後10時までであった。図書館の移動後は規則を修正し、日曜と祝日は休館だが、5月から10月までは

表1　ボストン商事図書館の活動：1854-1856年

	34年報 1854年4月19日付け	35年報 1855年4月18日付け	36年報 1856年6月11日付け
蔵書冊数	15,247	16,867	18,264
（購入冊数）	(1,461)	(1,358)	(1,078)
（図書費：ドル）	1,438	1,044	858
貸出冊数	81,000	75,000	40,000
会員数　更新	1,015	822	842
新規	1,063	646	1,469
（計）	2,078	1,468	2,311 (2,667)
講演会	冬期に2回 月曜：11月14日−2月11日 水曜：11月16日−2月15日	冬期に2回 月曜：11月13日−2月5日 水曜：11月15日−2月21日	冬期に1回 水曜：11月14日−3月17日
収益	1,738ドル	486ドル	903ドル

・1856年初頭に図書館はいっそう便利な場所に移動した。36年報の貸出冊数（40,000冊）は移動後の5か月の数値で、通年にすると96,000冊になると年報は推測している。図書館の移動にともなって会員には生涯会員などの新たな区分を設けた。そうした会員は356名なので総会員数は2,667名になる。

・34年報を例にとると、11月28日から2月11日までの月曜日に開かれる講演会が1回の講演会で、講演は原則として毎週連続して行われている。

［出典］ボストン商事図書館の34年報、35年報、36年報による。

午前6時から午後10時、11月から4月までは午前7時から午後10時と大幅に延長している。

　34年報と35年報で大きく異なるのは、講演会での収益と会員の動態である。34年報での講演会収益は1,738ドルで、これは当該年の図書費1,438ドルを賄ってもまだ余剰金が出るという状態だった。要するに講演会からの収入は図書購入冊数に大きく影響する。35年報での講演会収益は前年の3割にも満たず、486ドルであった。それでも収益があれば幸いで、収益がほとんどない年もあった。講演会は図書館財政にとって魅力的だが、安定しない収入源といえる。続く36年報では2回の連続講演会を中止し、13回の講演会を開催することに

なった。ボストン商事図書館のホールは250名しか収容できず、ホールは閲覧室との兼用になっていたので、ホールとして使用する場合は、雑誌や新聞の閲覧室としては機能しなかった。一方、外部に多くの参加者を収容できるホールを借りると高額であったし、また著名人を講師にするためには講師料も高額であった。その場合、一定数以上の参加者がないと赤字が生じることもあり、財政にとっては魅力的であるとともにリスクもあった。それはともかく、ボストン商事図書館が講演会を重視していたことに疑問の余地はない。理事会内の常任委員会として講演会委員会が設けられていたことでも、講演会の重要性は理解できる。

商事図書館の会員数に触れれば、1854年4月19日付けの34年報は前年度の会員の更新が1,015名、新規会員が1,063名で、計2,078名であった。それが次年の35年報では更新822名、新規646名の計1,468名で、昨年と比べて約600名の減少である。この現象はボストン公立図書館が1854年5月2日に貸出を開始したことが大きく関係している。商事図書館の35年報は次のように記している。

予想できた結果が生じた。本会計年度の当初の時期をみると、数百名の会員が更新の手続きをせず、図書を求めて公立図書館に向かった。

公立図書館が当館の永続的な繁栄にどのような影響を果たすかは、見守るしかない[12]。

ボストン公立図書館は1954年11月の段階で、蔵書16,221冊、貸出は開館後の5か月間で35,389冊（年間にすると80,000冊強）で、翌年には蔵書冊数は6,396冊増加して22,617冊、貸出81,281冊となっていた[13]。すなわち開館初年度で蔵書冊数は商事図書館を上回り、貸出冊数も商事図書館の域に達したのである。なお当時のボストン公立図書館の開館時間は午前9時から午後9時30分までで、日曜と祝日は閉館であった[14]。

1855年4月18日付けのボストン商事図書館35年報は大幅な会員数の低下を示し、商事図書館の執行部は大いに憂慮した。そして外的環境の変化などを視野に入れて問題と課題を検討するとともに、ボストン公立図書館の実践を踏まえて自館の特徴を確認している[15]。まず図書館として緊急に必要なものとし

て、いっそう好ましい立地、大きな閲覧室とホール、新聞数の増大、フランスやドイツの主要雑誌の追加、それに実業界や商業界からの支援である[16]。また公立図書館に関しては、21歳以上でないと貸出の恩恵に浴せず、未成年者を十分に取り込んでいないこと、利用者が好む通俗書を十分に購入しておらず、また複本も少ないこと、さらにドイツ語やフランス語のクラスを設けたり、弁論や文章作法のグループなどを設けて指導したりしていないことを指摘した。要するに、ボストン商事図書館が繁栄する余地は大いにあるということである。

　場所の問題には進展があった。独立した建物は無理だが、いっそう便利な地に広いスペースを借りることが可能になり、1856年初頭には移転を終えて開館している。この移動によって、十分な広さのスペースを確保でき、閲覧室、定期刊行物室、会話室、図書室、図書館長室、理事会室、5つの委員会室、倉庫、ホールが配置された[17]。このホールは700名収容で、年額500ドルで長老派協会に日曜の利用を、年額250ドルで音楽教育協会に冬期の月曜夕刻の利用を認めるなど、ホールの賃貸しも実施した[18]。翌36年報では更新会員842名、新規会員1,469名など、会員総計は2,667人と大幅に上昇した。これは建物が便利な地に移動したこと、さらに選挙権や運営への発言権を持たない準会員（Subscriber, 2ドル）233名、商店や会社などの団体会員（Business Firms, 5ドル）102件、それに生涯会員（Life Member, 50ドル）21名が加わったことによる[19]。移転を契機に新たに生涯会員などを設けたのである。なお「商事」に関わる事務員や簿記係などの正会員も年会費2ドルで、この額について1854-55年の状況をまとめた第35年報は、「貸本屋の年会費は当館の年会費よりも約3倍高い」と報じている[20]。

　ウィリアム・D.ボイドの1975年の博士論文「若いビジネスマンのための図書」は、1820年から1865年すなわち南北戦争期までに期間を限定して、商事図書館の蔵書を中心に分析した業績である。ボイドはこの時期の商事図書館14館を確定し、その活動内容を一覧にしている。それによると、14館のすべてが図書館と閲覧室を擁し、講演会活動は12館、美術収集が6館、クラスの開催や博物（貝、鉱物、硬貨など）の収集が各々5館、そして弁論や文章作法な

どの活動が3館となっていた[21]。当然ながら各館で活動内容に相違はあるが、講演会は定番になっていたと考えてよい。なおクラスはフランス語やドイツ語といった語学系と簿記や文章作法といった実務系が主流だった。

　ボストン商事図書館のその後に触れれば、1877年に商事図書館の建物の地下を借りて、また商事図書館から寄贈された図書を核として、ボストン公立図書館のサウスエンド分館が開館した。この分館は地理的に不便なこともあって、1881年によりすぐれた場所に移動した。商事図書館協会は蔵書をなくし、社交クラブとして機能していたが、次第に凋落し1952年に解散した[22]。

　南北戦争期までの商事図書館を解明したボイドによると、ほとんどすべての商事図書館が講演会委員会を設置して、講演会活動を重視していた。それは会員や住民に知識の機会を与えるという意味、それに商事図書館協会の財政に寄与するという意味があった。そして大多数の講演会には波がありながらも、多くの参加者があった。そうした講演会に招かれる人物は地域や国の有名人で、かつ雄弁な人物であった。著名演説家の1人として、ボストン公立図書館初代理事長の政治家エドワード・エバレットがいたのだが、エバレットがボストン公立図書館との関係で講演会の重要性に言及することはなかった。公立図書館は当初は図書に限定し、次第に定期刊行物を重視し、閲覧室も備えていった。とはいえ19世紀後半にあって講演会活動を組み込むことはなかった。

2　カーネギー図書館と集会室

　1890年代はカーネギーが図書館への慈善を開始した時期に相当する。1886年から1896年の間に、カーネギーはピッツバーグなどカーネギーの工場の所在地に図書館建設の資金を約束した。ジョージ・ボビンスキーの『カーネギー図書館』によると、「これらの寄付の土台にある考えは、全般的なコミュニティ・センター兼図書館という考えで、そこでは閲覧室と書庫に加えて、美術展示ホール、講演会や独奏会のための部屋、オルガン、さらに体育館や水泳プールさえ備わっていた」[23]とまとめている。しかしその後、図書館の目的に限定した機能的で無駄や浪費のない建物を志向するようになり、多くの中小規模の町に図書館を寄付することになる。例えば1890年代末からカーネギーの資金

を得たピッツバーグ公立図書館は分館を次々と開設するが、そのいずれもが地下に集会室（講演会室, Lecture Room）を設けていた。分館はいずれも蝶々型で、玄関を入ると左右に成人用と児童用の閲覧室、玄関を直進すると貸出カウンターがあり、その後方が開架書庫というのが1つの典型で、地下に講演会室を配置していた[24]。

　集会室配置について重要なのは、贅沢を廃止して、機能的な図書館にするために、カーネギーの私設秘書で図書館への寄付を取り仕切るジェイムズ・バートラムが、1911年に『図書館建築に関する覚え書き』を作成して建物の模範を示したことである。そこには6つの図書館の館内配置図が示されているが、いずれも地下に集会室（講演会室）を設けている[25]。ボビンスキーによると、地下の講演会室で日曜学校が開かれるのは珍しくなく、またボーイスカウト、赤十字、「アメリカ独立革命の娘」といった団体が居つくこともあったという。さらに収入を得るために講演会室やスペースを有料でダンスに貸したり、映画館への転用を企てたりする館もあったものの、カーネギーはもっぱら図書館の目的に沿って集会室を使うように主張した[26]。なおこの時期には "lecture room" や "assembly room"、"auditorium"、さらにクラブなどが使う部屋には "club room" という語の使用が一般的で、"meeting room" という語は用いられていない。

　カーネギー図書館が集会室を配置したことは、図書館の設備として集会室を認知したことになり影響力は大きかった。しかし当時の代表的な公立図書館の概説書は必ずしも集会室に好意的ではなかった。アーサー・E.ボストウィックの概説書『アメリカ公立図書館』の1910年版をみると、集会室の役割、機能、実践には触れておらず、建物を説明する部分で「小さな図書館建物の場合、集会室（assembly room）は他の用途に有効に使えるスペースを奪うので迷惑である」と書いている。と同時に、「集会室の配置は必要だろう」と続け、歯切れの悪い説明になっている。ただし大きな図書館建物の場合は、異なる広さのいくつかの講演会室、博物や美術の部門の部屋を設けてよいと記した。この説明は1923年の改訂増補版でも変化していない[27]。いま1つ当時の代表的な概説書であるジョン・C.デイナの『図書館入門』[28]の1920年版をみると、45の章を設け

て図書館について案内している。しかし集会室についての章はない。また8章
「部屋、建物、備品、家具」[29] では、詳しく建物や部屋について説明している
ものの、集会室への言及は見られない。デイナはニューアーク公立図書館長を
1902年から1929年まで続け、その間に図書館内に博物館を設置して博物館長
（1909-1929）を兼務した。そうしたことが影響して33章では「博物館と図書館」
を設け、図書館内に博物館を併設することを主張している。集会室には触れず
に、博物館に触れるのは違和感があるものの、これはデイナのニューアークで
の実践が反映している。

3 アメリカ図書館協会の調査報告とセントルイス公立図書館の実践

3.1 アメリカ図書館協会の調査報告（1926-1927年）[30]

第1次世界大戦後、アメリカ図書館協会は戦後の図書館サービスを検討する
基礎的調査を行うために、1919年に「図書館サービスに関する5人委員会」を
設置した。この調査の資金は戦後のアメリカ図書館協会の大きな企画である
「拡大プログラム」の資金を想定していたが、拡大プログラムは資金が集まら
ずに挫折した。そののち1924年にカーネギー財団からの寄付を得て、図書館
調査委員会との名称で実態調査を行った[31]。そして1926年から1927年にかけ
て4巻本として刊行された。この調査を1919年から主導したのが、セントルイ
ス公立図書館長ボストウィックである。

1924年11月に5,000冊以上の蔵書を有する3,034館に質問状を送付し、内訳
は大学図書館が711、公立図書館が2,323であった。公立図書館の中には州立
図書館や少数の会員制図書館などを含んでいた。回答率は49.5パーセントで、
内訳は大学図書館261、公立図書館1,243となっている。調査委員会は、4巻
本で1,400頁を越える調査報告にまとめたが、事実の客観的提示を重視し、原
則として意見や解釈を添えていないと説明した[32]。報告書の第3巻3章「公立
図書館の広報とコミュニティ・サービス」に小項目「集会室と講演会ホール」
（Assembly Rooms and Lecture Halls）があり、5頁を使って現状をまとめてい
る[33]。おそらく集会室について全国を対象に、具体的に利用を明らかにしたの
は、この調査が最初であろう。

3.1.1 集会室の提供と利用料金[34]

　回答館の大多数によると、中央館には1つ以上の部屋があって講演会、楽しみのための集会、クラブの集会などに使われ、中央館に集会室がない場合には分館に集会室があるという。大多数の図書館は図書館の開館時間中なら、いつでも利用できる。小規模館では開館時間中の午後や夕刻に集会室を提供している館、開館時間中以外の利用に特別の措置を講じている館もある。多くの図書館は閉館後も、遅くまで集会室の利用を認めている。インディアナポリスは午後11時、ブルックリンは夜の12時まで利用できる。集会の性格を問わず集会室利用に料金を取る図書館もあり、光熱費といった名目はともかく、明らかに収入を得るための場合もあった。多くの小規模図書館は、クラブや教会などに月額や年額を決めて一定の日時に部屋を貸している。

　例えばブルックリンの場合、無料で一般公開の集会が閉館時間前に終了すると、利用料は発生しない。午後9時の閉館時刻を過ぎると、用務員へのサービスとして1時間につき1ドルが必要である。一般公開でない集会の場合、開館中は無料だが、開館時刻を過ぎると2ドル50セントを徴収する。集会に参加料を取ったりカンパを集めたりするなら3ドルを課し、閉館後なら5ドルを課す。インディアナ州ゲーリーは参加料を取る集会には2ドル50セントを課し、参加料を取らなければ利用料金は発生しない。ミネアポリスの中央館の集会室の利用料は1ドルだが、分館の集会室の利用は無料である。ニューヨーク州ロチェスターは集会室の大きさによって、また参加料の有無によって、集会室利用料は異なる。デラウェア州ウィルミントンの場合、無料で一般公開されている集会は無料だが、そうでなければ7ドル50セント、夜間の利用には15ドルを徴収している。

3.1.2 集会室の利用と制限[35]

　多くの図書館は集会が一般公開でなくてはならないと定めている。とはいえ約半数の大規模館、大多数の小規模館は、集会室を主催するグループの会員やゲストに限定した集会を認めている。一般公開の集会に限っている図書館には、ボストン、デモイン、インディアナポリス、ルイビル、ニューヨーク、ポ

ートランド（オレゴン）、セントルイス、サンフランシスコ、シアトル、ワシントン・D.C.などがある。少数の大規模館と半数以下の小規模館は、参加料の徴収やカンパを認めている。シンシナティ、デモイン、セントルイス、サンディエゴ、ワシントン・D.C.などは、団体やグループによる集会室利用に限定しており、個人による講演やリサイタルなどには応じていない。ただし審査を経て、個人による集会室の利用を認める館もある。大多数の図書館は音楽を認めているものの、他の利用者の妨げにならないという条件を設けている。

　多くの大規模館やいくつかの小規模館は集会室利用規則を正式に定めており、集会室の目的や排除する集会を明示している。例えばロサンゼルスの利用規則は以下のようになっている。

　　　これらの部屋の利用は、教育、文学、歴史、芸術、科学への関心、全般的な市民生活などの向上への関心、およびそれらに関連する図書館の本への関心の育成を明確に意図する無料の講演や討議に限定している。そうしたすべての講演や討議は、党派的、政治的、セクト的であってはならない。集会室は、個人的論争や党派的論争を喚起すると思われる集会や討議を意図していない[36]。

　同じような規則が多くの図書館で採択されていた。シアトルの集会室規則は、「教育的、慈善的な性格の集会、公共の福祉に関わる全般的な事柄を討議する集会を意図している。宗教的性格の集会は認められない」と定めていた。テキサス州トレドの集会室規則は、「礼拝、政治的キャンペーン、友愛団体（fraternal organization）を除いて、どのようなクラブや団体も無料で利用できる」と定め、「教育や愛国的（patriotic）」団体には集会室利用を優先するとなっている。ジョージア州サバンナは、講演会ホールは無料の一般公開の講演や討議に利用できると定め、講演や討議は図書館の目的に沿うもの、明確に教育や市民生活の育成に関わるものでなくてはならず、政治的、党派的、セクト的であってはならないと定めていた。一般公開でない市民的、教育的団体の集会は、集会の目標が図書館の基本的目的に沿っているなら利用できる。私人個人による講演のために講演会ホールを利用することはできない。集会に際して参加料を徴収したり、カンパを募ったりしてはならない。

こうした実態を受けて、調査報告は以下のようにまとめている。大多数の大規模館と多くの小規模館は、政治的、宗教的な集会を排除しているが、概して問題は生じていない。図書館と住民との結びつきが親密なコミュニティでは、制限は不必要である。党派的でない政治的集会を認め、宗教的な集会を認めていない大規模館がある。一方、宗教的な集会を認め、政治的集会を認めていない館もある。あまりに論争的、党派的でなければ、双方ともに認めている館もある。さらに利潤目的を排除する以外、いっさいの制限を設けていない図書館もある。このまとめから、図書館は集会室の政治的、宗教的な利用について、対応はともかく、注意を払っていたことが理解できる。そして多くの図書館が、政治的、宗教的な集会を禁じていた。ところで報告書はセントルイス公立図書館について次のように報じている。

　　　　セントルイスは常にリベラルな方針に従い、政治的、宗教的、社交的な団体に集会室（assembly room）の利用を許している。集会室は多種多様な広範な目的に使われ、礼拝、有権者登録、投票の場所にもなっている。1926年には18のクラブ室や集会室で3,808回の集会が開かれた[37]。

3.2　セントルイス公立図書館と集会室の活動
3.2.1　セントルイス公立図書館と集会室の活動（1）：レオナードの記事
　オスカー・レオナードは1911年にセントルイス公立図書館の分館での集会室活動、具体的にはクラブによる集会室利用を「ソーシャル・センターとしての分館」との標題で紹介した[38]。クランデン分館で集会室を最初に利用したのはユダヤ人だが、自己教育を目的に集会室を利用した最初の団体は無政府主義の共産主義者のグループで、毎週金曜日の夕刻に集まったという。危険なグループへの集会室提供に批判が出たが、共産主義や社会主義者のグループの集会室利用は続いている。次第に住民は図書館が提供する集会室の機会に気づき、集会室が足りない状況にあるという。そしてレオナードはクランデン分館の1週間のクラブ室の利用グループをまとめている。それが表2「クランデン分館の1週間：クラブと団体」である。

表2　クランデン分館の1週間：クラブと団体

日曜：産業労働者討論クラブ（Debating Club of Industrial Workers）
　　　ジェファソン学校同窓会理事会
　　　リトアニア人クラブ（Lithuanian Club）
　　　ポーランド人産業労働者組合（Polish Industrial Workers）
　　　統一防衛リーグ（United Defense League）

月曜：クランデン図書館討論クラブ
　　　アメリカ・ボーイスカウト（Boy Scouts of America）
　　　ポーランド人女性向上協会（Ladies Polish Turning Society）
　　　ポーランド人向上協会男性支部
　　　ポーランド人自己修養クラブ（Polish Self-Culture Club）

火曜：アルバイター協会（Arbeiter Ring）
　　　アメリカ・ボーイスカウト
　　　黒人ソーシャル・サービス委員会
　　　社会党地区会議（Ward Meeting Social Party）

水曜：アメリカ・ボーイスカウト
　　　セントルイス参政権平等連盟（Equal Suffrage League of St. Louis）
　　　世界産業労働者組合（Industrial Workers of the World）
　　　人びとのフォーラム（Peoples Forum）

木曜：アルバイター協会倫理部会
　　　ジェファソン学校の劇クラブ
　　　社会党ユダヤ人支部（Jewish Branch of Socialist Party）
　　　ポーランド人市民学校（Polish Civic School）
　　　若者慈善協会（Young People's Charity Society）

金曜：近代劇クラブ（Modern Drama Club）
　　　労働者サークル新支部（New Branch Workingmen's Circle）
　　　女性労働組合連盟（Woman's Trade Union League）

土曜：アメリカ・ボーイスカウト
　　　ポーランド人女性向上協会
　　　ポーランド人実習生協会（Polish Cadets）
　　　クウィーン・ヘドウィグ第842支部（Queen Hedwig）
　　　統一防衛リーグ

［出典］Oscar Leonard, "A Week at Crunden Branch Library: Clubs and Societies," *The Survey,* vol. 25, March 18, 1911, p. 1039.

クランデン分館はセントルイスで最も人口が密集している地域にあり、ポーランド人、ユダヤ人、ハンガリー人、ルーマニア人、アイルランド人、それに多くの黒人が居住していた。表2のリトアニア人クラブとは帰化を求めるリトアニア人のグループである。ポーランド人産業労働者組合は相互扶助のための組織、統一防衛リーグはアメリカかロシアかに関わらず、言論の自由を守るためのグループである。クランデン図書館討論クラブは現在の課題を討議するグループ、ポーランド女性向上協会は美容体操などを行っている。アルバイター協会はユダヤ人移民労働者の相互扶助組織、世界産業労働者組合は1905年にシカゴで設立された国際的な労働組合で、アメリカ労働総同盟を排除された社会主義者、無政府主義者を中心に結成された。新しい企ての「人びとのフォーラム」は、大学教員と労働者の協力によって、労働条件などを討議するために設けられたフォーラムである。

　ローズマリー・R.ドゥモントは1890年代から1910年代までの大都市公立図書館の活動を解明した『改革と反応』で、このレオナードの紹介記事を取り上げ次のように述べている[39)]。図書館をソーシャル・センターにする試みは、集会室やクラブ室を中心にしていた。定期的なクラブの集まりに加えて、大学拡張コースや一般公開の講演会が集会室で開かれた。分館の図書館員は、市民的グループに加えて労働団体や産業団体と接触して、接触を維持する努力、読書資料のニーズや相談にのる取り組み、図書館がコミュニティの知的センターと把握されるあらゆる努力を行った。

　レオナードの記事は1911年に出されたが、1909年10月1日にアーサー・E.ボストウィックがセントルイス公立図書館長として赴任し、ボストウィックが執筆した最初の年報は1909-10年年報で、この年報は1909年5月1日から1910年4月30日までをまとめている。この時期にはカーネギーの寄付によって5つの分館が開館し、また新中央館の開館は1912年1月である。この1909-10年年報で、ボストウィックは「集会室（Assembly Rooms）の利用」という見出しを設けて報じている。それによると各分館には1つの集会室と2つのクラブ室が配置され、教育や文学を目標とする集会を重視しつつ、参加料を取らないあらゆる妥当な集会に無料で部屋を提供しているとした。そして4つの分館

での利用状況は、集会室が288回、クラブ室が469回、計757回である。そこでは上述の表2「クランデン分館の1週間」が示すような性格のクラブに加えて、美術クラブ、手芸クラブ、運動クラブ、慈善団体、切手収集家のグループ、「アメリカ独立革命の娘」セントルイス支部、教会などの団体名を例示した[40]。ボストウィックは翌年の年報で「ソーシャル・センターとしての図書館」という項目を設け、分館はおのずと近隣地区のソーシャル・センターを目指すと記している[41]。

3.2.2 セントルイス公立図書館と集会室の活動 (2):クイグリーの報告

　アメリカ図書館協会の報告書が公立図書館における集会室活動の全体を示したものとすれば、個別の図書館での集会室活動を詳細に紹介したものとして、1917年にセントルイス公立図書館の分館長マージェリー・クイグリーがまとめた報告書がある[42]。この冊子は「隣人が集う場所」という標題で、同館の集会室活動の実態を59頁の小冊子にまとめている。以下では中央館での集会室の利用と児童対象の集会室の利用は割愛し、簡単に具体例を示しておく。なおクイグリーは中央館の集会室活動について、分館とは異なり気楽でインフォーマルな集まりや社交的な集まりは少ないとまとめている[43]。

　クイグリーは、セントルイスが集会室を無料で提供するのは、図書を無料で提供する2つの原則と同一であると確認した。まず図書館はプロパガンダを行わず、あらゆる意見を取り込むという原則である。次に改良や「引き上げ」といった試みを積極的には行わないということである。クイグリーによると、図書選択には本の形態や内容に一定の基準があるが、利用者に良書として押し付ける時代は過ぎ去った。同じように集会はコミュニティの基準に合わせねばならないが、図書館員がクラブや集会を発足させたり指導したりする時代も過ぎ去ったと認識している。そうした原則の下、各館には200名収容の集会室と15名収容のクラブ室を配置している[44]。

　そしてクイグリーは地域や人びとの要求に合わすことの重要性を主張し、参考となる失敗例を示している。既述の「人びとのフォーラム」は図書館が働きかけて発足させ、大学教員と労働者が協力して労働条件について討議するとい

う試みであったが、登壇したのは圧倒的に教員で、管理運営組織にも労働者は非常に少なく、大学教員と労働者の相互の誤解によって消滅した[45]。女性参政権論者が読み書きに劣る人の多い地域でイギリスのコモンローについて講演したものの、集まったのは難聴の高齢女性が1名とユダヤ人の子ども50名であった。子どもは飴が配られると聞いて参加したという。児童図書館員が子どもの延滞料で家庭を訪れたが、36人の母親の内、英語を理解できたのは9人にすぎず、この9人にしても英語は読めなかった[46]。講演者や図書館側の意図が善意であっても、地域の状況や近隣住民を理解していないと、講演会にしろ図書館サービスにしろ、試みてもすぐに消滅する。クイグリーは、集会室に限らず住民へのサービスへの基本を確認したことになる。

　集会室の利用は広範で、州の社会主義者の政党が図書館集会室を利用して、2回にわたって大会を開いた。午前9時から午後9時まで4日間である。子どもの誕生会を家庭で行うのは家の片付けなどでわずらわしいと思い、図書館集会室の利用を申し込む母親がいた。また誕生会を家庭で開き、上階の住民から騒音で苦情がでて、図書館で誕生会を開きたいという親もいた。図書館は誕生会での集会室利用を認めている[47]。またダンスなどの社交的集会、音楽会なども開かれ、特に宗教グループの利用もあって、ピアノの利用は非常に多いという。宗教グループについては伝統的なグループは独自に教会を持っているので、利用は少ない。しかし生まれたての宗教グループや伝統的宗派に抗議している宗教グループの利用は多い[48]。分館の中には日曜の午前や夕刻はすべて宗教グループで部屋が埋まっている館がある。また集会室の利用が非常に多い分館では、午後8時30分に児童室が閉じると、その後は児童室を集会室として用いているとした。クイグリーによると、これは小規模図書館が用いている方式の援用であるという。

　集会室の利用に際しては、無料公開で参加料やカンパを求めてはならないと強調している。そして制限については、金銭に関わる出来事を取り上げている[49]。社会主義者が集会を実施し、1人の聴衆が分館長の部屋に駆け込み、グループの見解を宣伝するためにパンフレットを25セントで売っていると伝えた。集会室で物を売ることは禁じられていた。実はこの集会には対立するグル

ープも参加しており、この勢力に劣るグループはパンフレット販売をいわば口実に、この集会を崩しにかかったのである。クイグリーは、他の市町の図書館では集会室がほとんど使われていない館があり、その理由は利用料や申し込み資格などによる制限のためであると指摘した。一方、小規模館や中規模館には集会室がない場合も多いが、閉室時に集会室として部屋を活用している図書館が多くあると述べた。そしてセントルイスの分館は午後8時半に閉室になり、その後の時間を集会室に用いていると報じている。飲食に関しては、軽食や飲料を許しているが、ビールは禁じていた[50]。その結果、男性のグループは図書館での集会をやめて、居酒屋に移る傾向があったという。また特別な集会を企画している女性は、参加者が多く、集会後にコーヒーと温かいビスケットを用意したいと分館長に述べた。その集会の終了は午後10時で、分館長はどこで温かいビスケットを調達するのかと問うと、「図書館用務員に作らせることはどうか」と応えた。さらに軽食を越えた大掛かりな食事会を打診する人もいたという。こうした申し出の是非はともかく、非常に柔軟に利用者グループの意向を取り込んでいたことを窺うことができる。

　クイグリーは最後に「批判と賞賛」[51]を記している。当然、賞賛が多いのだが、賞賛については雑誌や地元新聞などからの引用を多用した。分館集会室への批判について、クイグリーは初期の頃に2つの批判があったという。1つはこの方向へのサービスはコストが過大であるとの批判である。次に集会室は図書館サービスと正当な結びつきがないとの批判である。これらは集会室を利用するグループや市民からの批判ではなく、他館の図書館員の疑問の表明や分館職員からの批判であるという。こうした図書館員は、用務員のスケジュールの調整、集会室についての電話での応対、ソーダは認められるがビールは認められない理由の説明など、図書貸出と無関係な事柄に時間を取られることを嫌悪していた。かなり多くの批判があったためか、クイグリーは各館別、各部屋別に電気代を算出して参考資料として示したし、現在の図書館に集会室が必要なことは認識されていると断言した。もっとも、集会のための準備、備品類とりわけピアノのいたみ、清掃や備品の移動や維持など、用務員の業務の増大は無視できないと認めている[52]。

このようにセントルイスは、対応が可能な限り、ほとんどの集会に講演会室やクラブ室を開放していた。それは典型的な図書館集会室の利用方針とはいえないものの、1つの具体的モデルであったことは確かである。この冊子では、誕生会、女性クラブによる展示会、音楽会、パーティの後片づけ、フォークダンス・クラス、小交響楽団などの活動が約20枚の写真で示されており、分館での集会室活動の説得力を高めている。

　ただし集会室利用にまったく問題がなかったというわけでもなさそうである。1913年1月31日に理事会は1つの決議を採択した。そこでは法や秩序に反しない団体、治安妨害を起こしかねない言葉を使わない団体が、図書館集会室を自由に利用することを歓迎している。そして図書館サービスに関係する集会を優先し、その後は図書館サービスとの結びつきの強さを勘案して、集会室を割り当てる。またすべての集会は無料公開でなくてはならない。それに続いて理事会決議は、「政治的キャンペーン［選挙］の時、理事会は政党による集会室利用に特別の規則を定めることができる。理事会はこれらの規則を変更する権利、あるいはいつでも他の特別な規則を定める権利を有する」[53]と記入した。この理事会決議は、選挙時に政党による分館集会室の利用が、混乱を招いたり、利用者を不愉快にしたりしかねないということにあった。館長ボストウィックによると、1つの例を除いて混乱は生じておらず、規則作成が必要か疑わしいとしている。この1912-13年報は、中央館と6つの分館で192の団体が集会室を2,454回利用し、これは過去最大の回数であると報じている。なおセントルイス公立図書館の各年報は分館活動を各分館ごとに取り上げており、集会室やクラブ室の利用や利用グループを詳しく紹介している。さらに1点確認しておきたいのは、既述のようにクイグリーは集会室の利用（予約の受け付け）を図書選択の原則と同じように考えていたということである。これは資料部門と集会室部門の思想的統合性に関係する[54]。

4　戦後の公立図書館基準と集会室

4.1　ジョゼフ・L.ホイーラー『アメリカ公立図書館の建物』（1941年）

　集会室の全体的な利用実態や利用制限、それに最も活発で自由に集会室を提

供しているセントルイス公立図書館の状況を示してきた。同館は集会室活動にことのほか積極的であったのだが、既述のようにボストウィックの『アメリカ公立図書館』やデイナの『図書館入門』は集会室での活動を扱わず、また集会室自体を疑問視していた。こうした集会室への消極的な姿勢はボストウィックやデイナに限らない。

　1941年に図書館界の指導者でイノック・プラット・フリー・ライブラリーの館長ジョゼフ・L.ホイーラーと、ブルックリン・パブリック・ライブラリー（1941年開館）の設計をした有名な建築家アルフレッド・M.ギゼンズは、大著『アメリカ公立図書館の建物』[55] を刊行した。その第22章は「講演会室（Lecture Rooms）、博物館、コミュニティの建物の中の図書館」を取り上げている。両者は講演会室に関して、2つの相反する考えがあるとした。1890年代にアンドリュー・カーネギーはコミュニティの文化センターとしての公立図書館を志向し、講演、展示、演奏、博物館、美術館を組み込む場として、図書館を構想していた。こうした方向に向かうのは、社会的意識に富み、包括的なプログラムを志向する図書館員である。続いて、両者は次のように書き込んだ。

　　　この考えに反対する図書館員のグループがあり、このグループは賛成派と同数か賛成派よりも多く、筆者たちもこのグループに属している。時間と資金が許すなら集会室活動は望ましいし、本当に必要ならば小さな町の図書館でも集会室を配置すべきかもしれないが、集会室活動は正当な図書館活動ではなく、図書館に不利益になる[56]。

　ホイーラーとギゼンズは図書館に集会室が配置されるのが普通になっているとしつつ、そうした集会室を「本務外」（extra-curricular）の提供物と把握した。そして両者は具体的に数値を掲げ、集会室活動のための別途の資金があり、人口1人当たり少なくとも1ドルを図書館費として拠出していなければ、集会室の配置は図書館の管理運営に悪影響を及ぼすとした。また職員の貴重な時間を奪うことになるし、集会室への多くの参加者が騒音と混乱を引き起こす。両者は、図書館は個人の読書、調査、思考のための静寂な場であるべきで、群衆、グループ、集会、集団学習はそぐわないと主張し、集会室を配置する条件として以下の4点を再確認した。すなわち、（1）小さなコミュニティであること、

(2) 図書館サービス自体に人口1人当たり1ドルという基準を十分に満たす図書館費が恒常的に措置されていること、(3) 図書館職員の時間や注意が図書からそらされないこと、(4) これらの本務外の部屋の位置や部屋への経路が、図書館の建物を図書館として利用する人の便宜、静寂、完全な満足に何らの悪影響も与えないことである。このように明示したのち、ホイーラーとギセンズは集会室の設計を具体的に説明している[57]。厳格に個人による読書や学習の場として図書館を把握することは、当時の主流となる図書館思想であった。1920年代中葉から図書館成人教育サービスが活性化するが、その柱である読書案内サービスが重視したのは、あくまで個人による継続的で体系的な読書で、講演、口頭発表、集団討議、対話ではなかった[58]。

　ホイーラーとギセンズは1ドルという具体的な数値を指摘したが、これには根拠があった。アメリカ図書館協会は1933年に「公立図書館基準」を採択し、1938年に改訂した。そこではいずれも人口1人当たり1ドルを公立図書館サービスの最低基準として提起していた[59]。1943年になってアメリカ図書館協会は『戦後公立図書館基準』を採択し、そこでは最低の図書館サービスとして1ドル、妥当で適切なサービスとして1.5ドル、上位のサービスとして2ドルを定めていた[60]。しかし1934年当時の状況をみると、公立図書館への国民1人当たりの拠出額は0.37ドルにすぎなかった。さらに各州単位にみると、1ドルを越えているのはマサチューセッツだけで1.08ドルであった。他の州をみると、カリフォルニア0.77、コネティカット0.74、オハイオ0.68などが上位で、アーカンソー0.02、ミシシッピー0.02、ニューメキシコ0.05が最下位であった[61]。1944-45年度の統計をみると、国民1人当たりの拠出額は0.70ドルと増加してはいたが、最低サービスの1ドルを越えたのはワシントン・D.C.1.15ドル、マサチューセッツ1.14ドル、オハイオ1.07ドルなど6州にすぎず、ミシシッピー0.14ドル、アーカンソー0.18ドル、アリゾナ0.19ドルと、州による格差は非常に大きかった[62]。

　さらに『戦後公立図書館基準』は最低限の図書館サービスに必要な人口1人当たり1ドルという基準に加えて、図書館サービスには最低25,000ドルを必要とすると定めた。したがって1ドルで図書館サービスを賄おうとすると25,000

人が必要となる。一方、サービス人口25,000人未満の図書館が90パーセントを占めていた。この90パーセントが基準を充足する手立てとしては、1人当たり1ドル以上の負担、図書館の目標やプログラムの制限、他の財源の獲得という方法が考えられた。とりわけ『戦後公立図書館基準』の作成者で図書館行政論の第1人者のカールトン・B.ジョッケルは、一貫して図書館行政枠の拡大を強力に主張した。しかしこの主張は多分に実現しなかった。そこには各コミュニティのプライド、自立性、自律性が関係していた。

こうした状況を踏まえると、集会室を「本務外」と把握し、資料に直接関係する業務に専心すべきというホイーラーとギセンズの主張には、説得力が十分にあったと思われる。

4.2 戦後の3つの公立図書館基準と集会室

『戦後公立図書館基準』(1943) は7章「建物の基準」で集会室に触れ、「集会室 (meeting rooms) は必要なら設ける」と留保をつけている[63]。そして小さな集会室は、討論グループや書評グループ、ラジオやレコードの視聴、お話会といった教育活動に望ましいが、変化に対応できる柔軟性に富んだ部屋にすべきとした。大きな集会室については、(1) 集会室のための別途の財源の確保、(2) 基準を十分に満たす図書館費が恒常的に措置されること、(3) 図書館職員の主たる職務から時間や注意をそらさないこと、(4) これらの本務外の部屋の位置が、読書利用者の便宜、静寂、満足の妨げにならないことを条件とした。すなわち『戦後公立図書館基準』はホイーラーとギセンズの主張を取り込んだのである。

『戦後公立図書館基準』は1956年に『公立図書館サービス』に取って代わられた。その「サービス」の部分で、「公立図書館は図書館自体のプログラムの枠内で、グループ活動を主催、共催してよい」と記入し、具体例としてストーリーテリング、フィルム上映、討論グループ、特別主題プログラム、フィルム・フォーラム、講演会、音楽会などを指摘し、すべてのグループ活動は図書館資料の利用と明確に結びつかねばならないとした[64]。ただしこの「サービス」部分に集会室自体は取り上げられていない。「施設」の部分では中央館について、グ

ループや個人が集会、書評会、お話会、音楽会に利用できる多目的室を備える
べきであると記入した[65]。しかし施設に関する小さな市町の図書館や分館の部
分には、集会室に関する記述はない。『公立図書館サービス』では、あくまで資
料サービスに付随し、資料サービスに貢献するものとして集会活動を定め、ま
た集会室という施設については中央館を意識し、小規模図書館や分館では何ら
の言及もなかった。

　『公立図書館サービス』は1966年に改訂され『公立図書館システムの最低基
準』になった。そこでは4章「サービス」の部分で「図書館システムは、グルー
プや協会に、資料とサービスを提供する」と述べ、その諸サービスの1つとし
て「コミュニティの市民の向上や、文化的、教育的発展、あるいは会員の自己
開発に貢献することを目的にした非営利団体の会合のために、いろいろな用途
に使える部屋を提供する」[66]とした。さらに7章「施設」の部分では中央館につ
いて、「個人やグループの会合、観覧、観賞等、いろいろな目的に使える部屋
を設けねばならない」と明示した。その部屋にはさらに椅子、机、視聴覚資材
や展示用具の収容場所、簡易台所、携帯品の預かり所を設けるべきとした[67]。
一方、小さな図書館について『公立図書館サービス』は何の言及もなかったが、
『最低基準』は「会合室と、必要に応じてお話の時間に使う場所」[68]の備えを期
待した。

　このように戦後の3つの公立図書館基準を概観すると集会室への認識は徐々
に高まっているとはいえ、集会室とその活動は図書館の本来の業務にたいし
て、せいぜい付随する部門と考えられていたと結論できる。この認識は何ら否
定されるべきものではない。資料の収集と提供が最低限にさえ達していない図
書館状況にあって、まず図書館としての本体部分を確立するのが不可欠なため
である。

おわりに

　本稿の要点を箇条書きにすると次のようになる。
　・19世紀中葉に公立図書館が制度として成立するが、19世紀後半の公立図
　　書館はもっぱら図書中心で、後になって雑誌や新聞を加えていった。集

会室や講演会とは無縁であった。一方、幅広い利用者を対象とする会員制の商事図書館は講演会活動を重視したが、それは住民の知的欲求に応えるとともに、図書館の財政を勘案してのことであった。

・1890年代からカーネギー図書館の時代に入るのだが、20世紀になってカーネギーはモデルとなる図書館館内配置図を提示し、そこでは地下に集会室（講演会室）を設けていた。集会室の広まりにカーネギー図書館が果たした役割は大きい。一方、ボストウィックやデイナという当時の指導者が刊行した実務家向けの図書は、概して集会室に冷淡であった。

・アメリカ図書館協会は包括的な図書館調査を行い、1926年と1927年にその結果を刊行した。そこでは集会室活動も取り上げ、集会室に関するおそらく最初の広範な調査報告となった。集会室の利用時間、利用料金、利用内容など実に多様で、各館が各自の状況に応じて利用条件を設定していた。ただし営利的、政治的、宗教的、セクト的な目的には利用を許可しないという館が多かったと思われる。非常にリベラルな方針を掲げ、集会室を広く開いていたのはセントルイス公立図書館である。そこでは政治団体や宗教団体も自由に利用できたし、飲食を伴う誕生会や社交的な集まりも許可していた。セントルイスの実践は集会室利用の典型ではないとしても、1つの具体例として把握できる。

・ボストウィックやデイナが集会室に冷淡であったのと同じように、1941年のホイーラーやギゼンズも図書館の本来の機能である資料に専心するように主張し、それに悪影響がない限りで集会室活動を認めた。最低限の図書館サービスも提供できていない図書館が圧倒的という現実を見据えて、まず直接に資料に関係する業務への専心を重視したのである。こうした考えは、1943年の『戦後公立図書館基準』を起点とし、1956年および1966年の公立図書館基準に引き継がれていく。

なお3点を補足しておきたい。まず集会室の1970年代以降の動き、特にアメリカ図書館協会の方針との関連である[69]。1939年に初版が採択されたアメリカ図書館協会の『図書館の権利宣言』は、第3条に集会室規定があったものの、この条文が具体的に問題になることはなかった。1970年代末になって、ノー

スカロライナ州フォーサイス・カウンティ図書館で、集会室でのKKKの展示をめぐる事件が生じた。またバージニア州バージニアビーチ公立図書館では玄関の展示テーブルに、無料配布の同性愛関係の新聞『アワ・オウン』が置かれ、この新聞をめぐって論争になった。さらに展示、フィルム、ゲームをめぐる諸事件も生じていた。こうした事件を受けて、すなわち『図書館の権利宣言』の集会室規定の解釈を求める声を受けて、1981年にアメリカ図書館協会は『図書館の権利宣言』の解説文『展示空間と集会室』を採択した。さらに1988年に宗教グループ「アメリカを懸念する女性」が、一般向けの集会のために集会室の利用を申し込んだが、図書館は宗教グループを理由に利用を拒否した。この措置を不満とする「アメリカを懸念する女性」が裁判に訴え、連邦地裁、連邦控裁ともに原告を支持した。この判決を受けて解説文『展示空間と集会室』は、1991年に解説文『集会室』になり、宗教グループの扱いが大きく変化した。と同時に、地裁判決、連邦控裁判決は図書館集会室をパブリック・フォーラムと位置づけ、この法解釈はその後の図書館の性格をめぐる図書館裁判で例外なく参照されるようになる。最後に1980年版の『図書館の権利宣言』は「情報や思想のひろば（forum）」として図書館を位置づけた。情報や思想が行き交う場として図書館を設定したので、そうした情報や思想には活字やデジタルでの表現だけでなく、口頭での表現も含まれると解釈できる。法律でのパブリック・フォーラムとしての位置づけ、『図書館の権利宣言』での「情報や思想のひろば」としての図書館の位置づけによって、少なくとも思想的には集会室の位置づけが高まったと把握できる。

　次に研究課題についてである。ソーシャル・センター、情報の結節点、コミュニティ・センターを目指すのは、1890年代以降の特に移民や下層階級が密集している地域の分館、それに南部では人種隔離された黒人分館であった。そこでは資料部門としての分館では利用者はごく限られ、たとえ図書や活字に引き込む手段としてであっても、住民に密着した図書館活動が必要で、集会室活動が大きな役割を果たしたということである。具体的には南部のルイビル公立図書館やアトランタ公立図書館の黒人分館、北部ではニューヨーク・パブリック・ライブラリーのハーレム分館、シカゴ公立図書館のトマン分館やホール分

館などである。これらの館のサービスについては一定の紹介があるものの、集会室活動に焦点をあてて論述した業績はないと思われる。

　最後に商事図書館である。一般向けの会員図書館（職工徒弟図書館、YMCAの図書館、青年会の図書館など）の内、最も利用され発展したのは商事図書館である。概して商事図書館は公立図書館の進展とともに、衰退していったとされ、この解釈に誤りはない。それは本稿で略述したボストン商事図書館で明らかである。ただし19世紀中葉から1876年までのボストンの図書提供機関は、ボストン公立図書館、ボストン商事図書館を中心とする会員制図書館、それに貸本屋で構成されており、それらを全体的に俯瞰することは、ボストン公立図書館の特徴と限界を浮かび上がらせることになるだろう。さらに商事図書館と一括されるのだが、1820年と1821年に成立したボストン、ニューヨーク、フィラデルフィアの商事図書館の比較検討も興味深い。例えばニューヨーク商事図書館は「商事」に関わる事務員や簿記係を正会員として組織運営され、事務員が商人として自立すると正会員から外れ、選挙権はなく役員にはなれなかった。いわば管理運営者と利用者が一致しており、発足時のフィラデルフィア図書館会社のようであった。一方、1年遅れて成立したフィラデルフィア商事図書館は、もっぱら商人が設立し、商人の掌中の下で管理運営がされていった。さらに1835年に創設されたシンシナティ商事図書館は当地の商工会議所の設置に主たる貢献をした。こうしたいくつかの主要な商事図書館に関する研究は、これまで一括して把握されてきた商事図書館を掘り下げることで、図書館史研究に厚みを加えるに相違ない[70]。

注

1) オックスフォード公立図書館事件以前にも、公立図書館の基本的性格に触れる判決はあったが、法理論を適用することはなかった。例えば合衆国最高裁は公立図書館での人種隔離をめぐるブラウン対ルイジアナ事件判決（1966）で、公立図書館を「静寂、知識、美に専心する場」と定義づけた。ブラウン事件については以下を参照。川崎良孝『図書館裁判を考える：アメリカ公立図書館の基本的性格』京都大学図書館情報学研究会, 2002, p. 28-32; 川崎良孝『アメリカ公立図書館・人種隔離・アメリカ図書館協会』京都大学図書館情報学研究会, 2006, p. 215-223.

2）川崎良孝『アメリカ大都市公立図書館と「棄てられた」空間：日刊新聞・階級・1850-1930年』京都図書館情報学研究会, 2016, p. 196.

3）ボイルストン街図書館の館内配置図は以下を参照。ウォルター・ホワイトヒル『ボストン市立図書館100年史：栄光、挫折、再生』川崎良孝訳, 日本図書館協会, 1999, p. 350-353.

4）ロックスバリー分館の館内配置図は以下を参照。川崎良孝解説・訳, 久野和子・川崎智子訳『ボストン市立図書館とJ.ウィンザーの時代（1868-1877年）：原典で読むボストン市立図書館発展期の思想と実践』京都図書館情報学研究会, 2012, p. 230-232.

5）コプリー広場の中央館の1888年および1898年の館内配置図は以下を参照。ウォルター・ホワイトヒル『ボストン市立図書館100年史』*op.cit.*, p. 356-365.

6）コプリー広場中央館の開館は1895年2月1日だが、この時点では児童室は開かれていなかった。例えば、トマスはさまざまな文献を調べて、児童室の開室を1895年5月中旬と推察している。以下を参照。Fannette H. Thomas, "The Genesis of Children's Services in the American Public Library, 1875-1906," Ph.D. dissertation, University of Wisconsin, 1982, p. 109.

7）James L. Whitney, "Librarian's Report," *Annual Report of the Trustees of the Public Library of the City of Boston, 1899*, p. 35.

8）James L. Whitney, "Librarian's Report," *Annual Report of the Trustees of the Public Library of the City of Boston, 1900-1901*, p. 23, 29-30.

9）James L. Whitney, "Librarian's Report," *Fiftieth Annual Report of the Trustees of the Public Library of the City of Boston, 1901-1902,* p. 27, 35.

10）James L. Whitney, "Librarian's Report," *Fifty-First Annual Report of the Trustees of the Public Library of the City of Boston, 1902-1903,* p. 22, 27.

11）商事図書館の蔵書構成については以下のボイドの博士論文が詳しく分析している。ボイドが扱った期間は南北戦争期までである。William D. Boyd, Jr., "Books for Young Businessmen: Mercantile Libraries in the United States, 1820-1865," Ph.D. dissertation, Indiana University, 1975, 227p.

12）"Annual Report," *Thirty-Fifth Annual Report of the Directors of the Mercantile Library Association of Boston*, 1855, p. 10.

13）Edward Capen, "Librarian's Report," *Second Annual Report of the Trustees of the Public Library of the City of Boston, Presented November 2, 1854*, p. 16-17; Edward Capen, "Librarian's Report," *Third Annual Report of the Trustees of the Public Library of the City of Boston, Presented November 15, 1855*, p. 14-15. なお第2年報については以下に翻訳がある。「3.4: ボストン市立図書館理事会第2年報」川崎良孝解説・訳『ボストン市立図書館は、いかにして生まれたか：原典で読む公立図書館成立期の思

想と実践』京都大学図書館情報研究会, 1999, p. 108-119（館長報告は、p. 117-119）.

14) 1853年11月8日に定められた規則の翻訳は以下を参照。「3.2: 市立図書館に関する規則」*ibid.,* p. 92-102. なお理事会が指定した日も閉館になるが、これには年次点検などが関係している。

15) "Annual Report," *Thirty-Fifth Annual Report of the Directors of the Mercantile Library Association of Boston*, 1855, p. 9-14.

16) 「商事」に関わる事務員や簿記係を中心とするとしても、商事図書館が持続し発展するためには、有力な商人や事業家の支援が必要だった。ニューヨーク商事図書館は有力商人などからの手厚い支援を獲得し発展していったが、ボストン商事図書館への商人層の支援はニューヨークほどには積極的ではなかった。

17) 現在の視点からすると5つの委員会室は不自然に思われるが、当時は理事会内に常任委員会として、支出委員会、図書館委員会、図書購入委員会、新聞・パンフレット委員会、コイン・博物委員会、印刷・製本委員会、さらには会員の表現力を高めるための弁論法委員会、討論法委員会、作文法委員会など、多くの委員会が置かれていた。理事会自体の定例会議は毎月第1月曜日に開かれるなど、理事会や理事会内の諸委員会は単に図書館の方針作成だけでなく、管理運営に直接関与していた。公立図書館の年報では館長報告が中心になるが、商事図書館の年報に館長報告はなく、商事図書館協会の理事長報告になっている。年報を見る限り、図書館長の影は薄い。なお1854年から1856年までボストン商事図書館の図書館長はウィリアム・F. プール（William F. Poole）で、1856年4月にプールはボストン・アセニアム（Boston Athenaeum）に移り、後にシンシナティやシカゴの公立図書館長になるとともに、図書館界の指導者になっていく。

18) "Annual Report," *Thirty-Sixth Annual Report of the Directors of the Mercantile Library Association of Boston*, 1856, p. 14, 61.

19) *ibid.,* p. 29.

20) "Annual Report," *Thirty-Fifth Annual Report of the Directors of the Mercantile Library Association of Boston*, 1855, p. 23. なお19世紀前半の状況と思われるが、シェラは貸本屋の会費について、「一般的に会費は年間7ドル、半期4.5ドル、4半期2ドルであり、1回に2冊から4冊の『本』を1か月借りることができた。非会員は週決めで貸本料をとられ、料金は図書の大きさでちがっていた」と記している。以下を参照。ジェシー・H. シェラ『パブリック・ライブラリーの成立』川崎良孝訳, 日本図書館協会, 1988, p. 140.

21) William D. Boyd, Jr., "Books for Young Businessmen: Mercantile Libraries in the United States, 1820-1865," *op.cit.*, p. 100. 14館の商事図書館と創設年は以下である。ボストン（1820）、ニューヨーク（1820）、フィラデルフィア（1821）、シンシナティ（1835）、ボルティモア（1839）、ルイビル（1841）、セントルイス（1846）、ピッツ

バーグ（1848）、ポートランド（1851, ME）、サンフランシスコ（1853）、ワシント
ン・D.C.（1853）、セントポール（1857）、ブルックリン（1857）、ニューオーリン
ズ（1857）。

22）商事図書館の蔵書16,927冊の公立図書館への寄贈、サウスエンド分館につい
ては以下を参照。*Twenty-Sixth Annual Report of the Trustees of the Public Library
of the City of Boston*, 1878, p. 4, 7-8. 商事図書館の移動をめぐる議論は以下を参
照。*Majority and Minority Reports of the Committee on Public Library, relative to
Accommodations for the South-End Branch of the Public Library*, Boston City Document
63, 1880, 5p. さらに以下も参照。ウォルター・ホワイトヒル『ボストン市立図書
館100年史』*op.cit.*, p. 122, 136.

23）ジョージ・S.ボビンスキー『カーネギー図書館：歴史と影響』川崎良孝・川崎智
子訳, 京都図書館情報学研究会, 2014, p. 13.

24）ローレンスヴィル分館の具体的な配置図は以下を参照。川崎良孝『アメリカ大都
市公立図書館と「棄てられた」空間』*op.cit.*, p. 212-213. ピッツバーグの各分館の1
階配置図については以下を参照。中山愛理「ピッツバーグ・カーネギー図書館に
おける児童サービス空間」相関図書館学方法論研究会（川崎良孝・吉田右子）編
『トポスとしての図書館・読書空間を考える』松籟社, 2018, p. 193-195.

25）6つのモデル図書館の館内配置図は以下を参照。ジョージ・S.ボビンスキー『カ
ーネギー図書館』*op.cit.*, p. 59-61.

26）*ibid.,* p. 158.

27）Arthur E. Bostwick, *The American Public Library*, New York, D. Appleton, 1910, p. 280-
282; 3rd ed., rev. and enl., 1923, p. 292.

28）John C. Dana, *A Library Primer*, Boston, Library Bureau, 1920, p. 189-192.

29）*ibid.,* p. 28-52.

30）American Library Association, *A Survey of Libraries in the United States*, Chicago,
American Library Association, 1926-1927（vol. 1, 316p; vol. 2, 370p; vol. 3, 326p; vol. 4,
267p）.

31）*ibid.* vol. 1, p. 7-8.

32）*ibid.* vol. 1, p. 10.

33）"Assembly Rooms and Lecture Halls," *ibid.*, vol. 3, p. 208-212.

34）*ibid.*, p. 208-210.

35）*ibid.*, p. 211-212.

36）*ibid.*, p. 211.

37）*ibid.*, p. 211.

38）Oscar Leonard, "Branch Libraries as Social Centers," *The Survey,* vol. 25, March 18,
1911, p. 1038-1039.

39) ローズマリー・R. ドゥモント『改革と反応：アメリカの生活における大都市公立図書館』川崎良孝・久野和子訳, 京都図書館情報学研究会, 2014, p. 80-81.

40) Arthur Bostwick, "Report of the Librarian: Use of Assembly Rooms," *St. Louis Public Library, Annual Report, May 1, 1909 to Apr. 30, 1910*, p. 46.

41) Arthur Bostwick, "Report of the Librarian: the Library as a Social Center," *St. Louis Public Library, Annual Report, May 1, 1910 to Apr. 30, 1911*, p. 44-45.

42) Margery Quigley, *Where Neighbors Meet: An Account of the Use of Assembly and Club Rooms in the St. Louis Public Library*, The Library, 1917, 59p.

43) *ibid.*, p. 46. なお中央館および子どもについては各々以下を参照。*ibid.*, p. 46-50, 50-54.

44) *ibid.*, p. 6, 17.

45) *ibid.*, p. 8.

46) *ibid.*, p. 10.

47) *ibid.*, p. 21.

48) *ibid.*, p. 33.

49) *ibid.*, p. 23-25.

50) *ibid.*, p. 42.

51) *ibid.*, p. 54-58.

52) *ibid.*, p. 55-56.

53) Arthur Bostwick, "Report of the Librarian," *St. Louis Public Library, Annual Report, May 1, 1912 to April 30, 1913*, p. 25.

54) これについては以下を参照。川崎良孝「公立図書館というスペースの思想的総合性：集会室や展示空間へのアクセス：歴史的概観」『現代の図書館』vol. 48, no. 3, September 2010, p. 147-162.

55) Joseph L. Wheeler and Alfred M. Githens, *The American Public Library Building: Its Planning and Design with Special Reference to its Administration and Service*, Chicago, American Library Association, 1941, 484p.

56) *ibid.*, p. 207.

57) *ibid.*, p. 208-211.

58) 1920年代中葉から図書館が成人教育サービスに乗り出す時のアメリカ図書館協会会長ジェニングズの考えは以下を参照。Judson, T. Jennings, "Sticking to Our Last," *American Library Association Bulletin,* vol. 18, no. 4-A, August 1924, p. 150-156; "Sticking to Our Last," *Library Journal,* vol. 49, no. 13, July 1924, p. 613-618. アメリカ図書館協会「図書館と成人教育に関する委員会」の最終報告書『図書館と成人教育』は以下を参照。The Commission on the Library and Adult Education, ALA, *Libraries and Adult Education*, New York, Macmillan, 1926, 284p. 『図書館と成

人教育』には以下の要約版がある。Judson T. Jennings, "Voluntary Education through the Public Library," *Adult Education and the Library,* vol. 4, no. 2, April 1929, p. 35-60; Judson T. Jennings, *Voluntary Education through the Public Library*, Chicago, American Library Association, 1929, 28p.

59）各基準は以下を参照。"Standards for Public Libraries," *American Library Association Bulletin*, vol. 27, no. 11, November 1933, p. 513-514; "Standards for Public Libraries," ALA Board on Salaries, Staff and Tenure, *Classification and Pay Plans for Municipal Public Library,* Chicago, American Library Association, 1939, p 14-16; "Midwinter Council Minutes," *American Library Association Bulletin*, vol. 33, no. 2, February 1939, p. 130.

60）福井佑介・川崎良孝「アメリカ図書館協会『戦後公立図書館基準』（1943年）の成立過程：量的基準を中心に」『図書館界』vol. 69, no. 6, March 2018, p. 331-336; 川崎良孝・福井佑介「アメリカの公立図書館基準の歴史的変遷：概観」川崎良孝・吉田右子編著『現代の図書館・図書館思想の形成と展開』京都図書館情報学研究会, 2017, p. 128-132.

61）Louis R. Wilson, *The Geography of Reading: A Study of the Distribution and Status of Libraries in the United States*, University of Chicago Press, 1938, p. 71-72.

62）Federal Security Agency, *Public Library Statistics, 1944-45, Bulletin 1947*, no. 12, p. 15.

63）The Committee on Post-War Planning, ALA, *Post-War Standards for Public Libraries*, Chicago, American Library Association, 1943, p. 63-64.

64）Coordinating Committee on Revision of Public Library Standards, Public Libraries Division, *Public Library Service: A Guide to Evaluation, with Minimum Standards*, Chicago, American Library Association, 1956, p. 29. 以下の翻訳を参考にした。公共図書館基準改訂調整委員会「公共図書館の奉仕：最低基準による評価の手引」三田美代子訳, *JLA Information Service*, vol. 3, no. 1, January 1962, p. 38.

65）*ibid.,* p. 59 ［*ibid.*, p. 52］.

66）公共図書館部会基準委員会『公共図書館システムの最低基準』稲川薫訳, 日本図書館協会, 1971, p. 52.

67）*ibid.,* p. 86.

68）*ibid.,* p. 89.

69）この段落については以下を参照。川崎良孝「集会室のあり方と図書館の原則：オックスフォード公立図書館事件（1989年）」『図書館界』vol. 50, no. 3, September 1998, p. 126-139; 川崎良孝「公立図書館というスペースの思想的総合性」*op.cit.*; 川崎良孝「ヘイトスピーチと公立図書館：3つの異なる見解とアメリカ図書館協会」相関図書館学方法論研究会（三浦太郎・川崎良孝）編『公立図書館の思想・実践・歴史』松籟社, 2022, p. 57-98.

70) 商事図書館に関するいくつかの2次文献を指摘しておく。商事図書館全般を扱った業績として以下がある。Sidney Ditzion, "Mechanics' and Mercantile Libraries," *Library Quarterly*, vol 10, no. 2, April 1940, p. 192-219; Charles S. Thompson, *Evolution of the American Public Library, 1653-1876*, Washington, D.C., The Scarecrow Press, 1952, p. 96-116. 以下のマクマレンの業績は植民地時代から1876年までの図書館史であるが、5章「ソーシャル・ライブラリーズ」(p. 63-79) に項目「商事図書館」を設け、非常に簡潔に商事図書館の特徴を要約している (p. 71-72)。Haynes McMullen, *American Libraries before 1876*, Westport, CT, Greenwood Press, 2000, 179p. 「商事」に関わる事務員や簿記係の思想や道徳について展開し、その一環として特にニューヨーク商事図書館を取り上げた著作が以下である。Thomas Augst, *The Clerk's Tale: Young Men and Moral Life in Nineteenth-Century America*, University of Chicago Press, 2003, 321p. 本稿でも取り上げたが南北戦争終了時までに限定し、主要な商事図書館の特徴や性格を特に蔵書目録の分析を中心に解明した学位論文が以下である。William D. Boyd, Jr., "Books for Young Businessmen: Mercantile Libraries in the United States, 1820-1865," *op.cit.*

個別図書館を扱った業績には例えば以下がある。Thomas Augst, "The Business of Reading in Nineteenth-Century America: The New York Mercantile Library," *American Quarterly*, vol. 50, no. 2, 1998, p. 267-305; Sallie H. Barringer and Bradford W. Scharlott, "The Cincinnati Mercantile Library as a Business-Communications Center, 1835-1846," *Libraries and Culture*, vol. 26, no. 2, Spring 1991, p. 388-401; Noreen Tomassi, "The Mercantile Center for Fiction," Richard Wendorf, ed., *America's Membership Libraries*, New Castle, DE, Oak Knoll Press, 2007, p. 195-209 (ニューヨーク商事図書館の歴史); Albert Pyle, "The Mercantile Library of Cincinnati," *ibid.*, p. 211-227; John Neal Hoover, "The St Louis Mercantile Library Association," *ibid.*, p. 245-261.

さらに個別館の蔵書や講演を扱った業績として以下がある。John Neal Hoover, *Cultural Cornerstone: 1846-1998: The Earliest Catalogs of the St. Louis Mercantile Library and the Growth of the Collections for a Varied Community of Readers*, St. Louis, MO, The Mercantile Library and the University of Missouri-St. Louis, 1998, 353p; Dale P. Brown, *Brilliance and Balderdash: Early Lectures at Cincinnati's Mercantile Library*, *Cincinnati's Mercantile Library*, Cincinnati, OH, The Mercantile Library, 2007, 163p.

<h1 style="text-align:center">各論文抄録</h1>

公立図書館における子どもへの図書館サービスと利用規則：1876-1889年

　アメリカ図書館協会（ALA）が成立した1876年から1889年までは、児童サービスの前史をなす。学校を終えた人のための公立図書館という考えは強力で、この時期を通して概し児童サービスは実施されていなかった。ただし学校を通じての間接的なサービスには熱心であった。旧来の思想を打破したのは中西部の図書館で、シカゴは1876年には年齢制限をしていなかった。1880年代後半でもニューイングランドでは「子どもと犬は入館禁止」であった。ポータケット（RI）のサンダース館長は児童サービスと開架制を実践してALA年次大会で報告したが、反応は否定的であった。その後まもなく、クリーブランドのブレット館長がそれらを実践し報告すると、図書館界は直ちに受容した。ここには女性と男性、公立図書館の規模、ALAでの政治力などが関係していた。

A Brief Exploration of Library's International Cultural Exchange in the New Reading Era: Taking the Shanghai Library East as an Example

　The arrival of omnimedia and the significant changes in people's reading habits have raised new requirements for library construction. The Shanghai Library East, built in such an era has been striving to adapt to these changes both in theoretical and practical aspects. Anticipating to become a public library with intelligence and hybridity, the Shanghai

Library East is taking the features in new reading era into consideration and looking forward to applying the principles into the international cultural exchange field.

江戸時代における西洋図書館の知識について

三浦太郎

　江戸時代に日本で西洋理解に用いられたのは、主に辞書と地理書であった。外国語辞書では、鎖国前の『羅葡日辞典』に西洋の図書館が「経蔵」として紹介されたことをはじめ、江戸の『波留麻和解』、長崎の『ドゥーフ・ハルマ』など、知識人たちに知られた蘭日辞書において、図書館に「書庫」「書物を集め置く処」といった訳語が当てられた。幕府の主導で翻訳された百科事典『厚生新編』の記述も、こうした簡素な内容であった。いっぽう、『訂正増訳采覧異言』などの世界地理書には、各国の王立・国立図書館やアカデミーの図書館などの規模や利用に関して、より具体的な記述が見られた。唐本地理書には西洋の公開図書館も紹介されており、その後の明治時代における図書館の制度化へとつながる知識の土壌を形成した。

沖縄の日本復帰と図書寄贈運動の展開

杉山悦子

　戦後、全国各地で沖縄に本を贈る（送る）運動が湧きおこった。民間の図書寄贈運動は1960年代にピークを迎え、沖縄の施政権が日本に返還された以降も継続する活動があった。占領下の沖縄では委託販売制度が適用されず、輸入扱いのために書籍が割高で、さらに日本本土から「追放」された「悪書」の流入もあり、沖縄にとっての寄贈図書は貴重であった。本の贈り手は沖縄の人びとと交流を始め、ある者は沖縄のことを学び始めていた。書物と人の往来は、書物の補充のみならず、本土側の沖縄理解を促進させていた。多くの贈り手が沖縄を同朋と認識していた一方で、日本図書館協会の支援は遅れをとっていた。とくに、1970年の図書館大会において沖縄代表を「海外」とする対応は、沖縄への無関心さを露呈するものであった。

アメリカ公立図書館と集会室：概史

川崎良孝

　本稿はアメリカ公立図書館における集会室の歴史を探り、以下の知見を得た。19世紀後半の公立図書館は集会室とは無縁であった。20世紀に入ってカーネギーはモデル館内配置図に集会を組み込み、集会室の広まりにカーネギーが果たした役割は大きい。しかしボストウィックなどの指導者は集会室に冷淡であった。アメリカ図書館協会は図書館調査の結果を発表（1927）した。各館が独自に集会室利用条件を定めており、非常にリベラルな方針の館（セントルイス）もあったが、多くは営利、政治、宗教での利用を拒否していた。1941年には館界の指導者ホイーラーなども資料への専心を重視し、それに悪影響がない限りで集会室活動を認めた。これは最低限の図書館サービスも不十分という現実を見据えての提言であった。この提言は1943年、1956年、1966年のアメリカ図書館協会の公立図書館基準に引き継がれていく。

索　引

・用語対照という性格を持たせている。
・書名で著者がカタカナになっている図書には訳書があり、原書名は示していない。
・金晶論文の索引は作成していないが、以下がキーワードである。Shanghai Library East, International Cultural Exchange, "Window of Shanghai" Project.

編集後記

　相関図書館学方法論研究会は多年にわたって活動を続け、2018年4月から松籟社の協力を得て、研究成果を〈シリーズ〉「図書館・文化・社会」として世に問うことになった。今回は第7号になるが、順調に4月に刊行できたことを喜んでいる。

　2022年3月に松籟社から刊行していただいた和気尚美の『越境を経験する：デンマーク公共図書館と移民サービス』が、2022年度の日本図書館情報学会賞を獲得した。研究会として受賞を非常に喜んでいる。研究会員10名の内、4名が学会賞を得ているが、受賞者が増えることを期待している。なお研究会として、『アメリカ公立図書館の理解を目指す事典』（仮題）を企画している。これは単なる人物、団体、事象の説明ではなく、さまざまな事柄が図書館の歴史の上で、どのような意味と限界を持つのか、すなわちタイムスパンを広くとって重要な事象を図書館史の中に位置づけることを目指している。企画の構想の段階からすでに1年以上を経過しており、可能ならば今年中に上梓できることを願っている。

　研究会は9月に京都大学（一般公開）、3月に明治大学で開催していたが、コロナの影響で2020年3月に東京で開いて以降、開催できていない。再び対面で研究会が開かれることを願っている。

（吉田右子・川崎良孝）

相関図書館学方法論研究会会員（2023年4月1日現在）

安里のり子（ハワイ大学）	A.ウェルトハイマー（ハワイ大学）
川崎良孝（京都大学名誉教授）	北村由美（京都大学）
久野和子（立命館大学）	杉山悦子（四国大学）
中山愛理（大妻女子短期大学）	福井佑介（京都大学）
三浦太郎（明治大学）	山崎沙織（東京大学）
吉田右子（筑波大学）	和気尚美（三重大学）

編者・執筆者紹介［掲載順］

●編（著）者

吉田　右子（よしだ　ゆうこ）

2011　筑波大学大学院図書館情報メディア研究科教授

主要業績：『メディアとしての図書館』（日本図書館協会, 2004）；『デンマークのにぎやかな公共図書館』（新評論, 2010）；『オランダ公共図書館の挑戦』（新評論, 2018）ほか

川崎　良孝（かわさき　よしたか）

2015　京都大学名誉教授

主要業績：『社会を映し出す『図書館の権利宣言』』（京都図書館情報学研究会, 2021）；アメリカ図書館協会知的自由部『図書館の原則　改訂5版』（共訳, 日本図書館協会, 2022）；ウェイン・A.ウィーガン『アメリカ公立学校図書館史』（共訳, 京都図書館情報学研究会, 2022）ほか

●執筆者

金　晶（Jin Jing）

上海図書館国際交流センター「上海の窓」担当主任

主要業績：「超越図书」（『第八届上海国际图书馆论坛论文集』上海科学技术文献出版社, 2016）；「上海図書館国際交流処の歴史と展望」（共著『時代のなかの図書館・読書文化』松籟社, 2020）；"A Research of the 'Window of Shanghai' Project of the Shanghai Library"（共著『公立図書館の思想・実践・歴史』松籟社, 2022）ほか

三浦　太郎（みうら　たろう）

2019　明治大学文学部教授

主要業績：『図書・図書館史』（編著, ミネルヴァ書房, 2019）；「有山崧の図書館思想」（共著『図書館の社会的機能と役割』松籟社, 2021）；「明治期から戦後占領期における日本の図書館員養成」（共編著『公立図書館の思想・実践・歴史』松籟社, 2022）ほか

杉山　悦子（すぎやま　えつこ）

2019　四国大学文学部准教授

主要業績：「「愛の教具」が戦後の沖縄にもたらしたもの：戦災校舎復興募金による購入図書を中心に」（『琉球・沖縄研究』5, 2017）；「戦中・戦後の読書指導：阪本一郎の場合」（『日本図書館情報学会誌』65（1）, 2019）；「図書館空間と交流：占領下沖縄の経験と琉米文化会館」共著『公立図書館の思想・実践・歴史』松籟社, 2022）ほか

シリーズ〈図書館・文化・社会〉7

社会的媒体としての図書・図書館

2023 年 4 月 30 日　初版発行　　　　　定価はカバーに表示しています

　　　　　　　　　　　　　　編著者　　相関図書館学方法論研究会

　　　　　　　　　　　　　　　　　　　（吉田右子・川崎良孝）

　　　　　　　　　　　　　　発行者　　相坂　　一

　　　　　　　　　　　　　　発行所　　松籟社（しょうらいしゃ）

　　　　　　　　　　　　　　〒 612-0801　京都市伏見区深草正覚町 1-34

　　　　　　　　　　　　　　電話　075-531-2878　　振替　01040-3-13030

　　　　　　　　　　　　　　url　http://www.shoraisha.com/

　　　　　　　　　　　印刷・製本　　亜細亜印刷株式会社

Printed in Japan　　　　カバーデザイン　　安藤紫野（こゆるぎデザイン）

ⓒ 2023　ISBN978-4-87984-437-8 C0030

シリーズ〈図書館・文化・社会〉1

トポスとしての図書館・読書空間を考える

相関図書館学方法論研究会（川崎良孝・吉田右子）　編著

● A5 判ハードカバー・272 頁
● 3,000 円＋税
● 2018 年 4 月発行
※本書は全在庫を出荷いたしました

図書館という場とその機能の分析を軸に、図書館を中心に広がる読書空間を多様な観点から考察する論集。シリーズ〈図書館・文化・社会〉第 1 巻。

【収録論考】
（川崎良孝・吉田右子）Public Library に関する認識の歴史的変遷：アメリカを例にして／（スバンヒルド・オーボほか著　久野和子 訳）公共図書館は出会いの場（meeting places）としてどのように機能しているか／（福井佑介）読書装置に関するレトリック：公立図書館・貸本屋・「無料貸本屋」／（山﨑沙織）母親自身の読書活動から親子の交流活動へ：1970 年代から 1980 年代の長野県 PTA 母親文庫における親子読書の受容についての一考察／（金晶）「上海の窓」電子書籍寄贈サービスに関する研究／（周卿）図書館間国際交流を推し進める上海国際図書館フォーラムの発展／（中山愛理）ピッツバーグ・カーネギー図書館における児童サービス空間／（川崎良孝）ボストン公立図書館ボイルストン街図書館の建物：完璧なモデルから最悪のモデルへの転換

シリーズ〈図書館・文化・社会〉2

図書館と読書をめぐる理念と現実

相関図書館学方法論研究会（川崎良孝・吉田右子）　編著

● A5 判ハードカバー・268 頁
● 3,000 円＋税
● 2019 年 4 月発行

原点としての図書館の理念を踏
まえ、社会・経済・政治情勢の
変化と図書館の関係性を国内外
の事例から考察する。シリーズ
〈図書館・文化・社会〉第 2 巻。

【収録論考】
（吉田右子）アメリカ公立図書館を基点とする公共図書館モデルの再検討：オルタナ
ティヴから逆照射されるもの／（キャサリン・シェルドリック・ロス 著　山﨑沙織 訳）
頂点に立つ読者：公共図書館、楽しみのための読書、そして読書モデル／（三浦太郎）
戦後占領期におけるアメリカ図書館像：CIE 図書館のサービスを中心に図書館と読書
をめぐる理念と現実／（福井佑介）社会的責任論からみた戦後の全国図書館大会の
展開：図書館界の「総意」を示すフォーラムの興亡／（金晶）上海国際図書館フォー
ラムを手掛かりに図書館を考える／（川崎良孝）図書館建築をめぐる路線論争とそ
の帰趨：ウィリアム・F. プールを中心として

シリーズ〈図書館・文化・社会〉3

時代のなかの 図書館・読書文化

相関図書館学方法論研究会（川崎良孝・三浦太郎） 編著

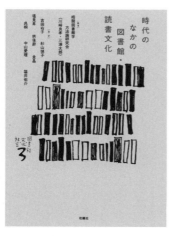

● A5判ハードカバー・280頁
● 3,000円＋税
● 2020年4月発行

1950年代アメリカや占領期の日本、2000年以降の上海など、様々な時代的・社会的状況下での図書館・読書文化をめぐる論考群。シリーズ〈図書館・文化・社会〉第3巻。

【収録論考】
（吉田右子）戦後初期公民館構想における図書館の位置づけに関する批判的再解釈：なぜ図書館と公民館は分離して語られてきたのか／（川崎良孝）原則の遵守と公務員や市民としての義務との確執：『ラベリング声明』（1951年）と共産主義プロパガンダを中心にして／（杉山悦子）1950年代の『実践国語』誌上における俗悪書論争：学校図書館の選書に対する国語科教員の異議申し立て／（塩見昇）図書館法制をめぐる展開の考察／（拱佳蔚）読書の推進と上海図書館講座／（金晶 著　呉桐 訳）上海図書館国際交流処の歴史と展望／（中山愛理）アメリカ南部における児童サービスとその空間：アトランタ・カーネギー図書館とニューオーリンズ公立図書館を中心にして／（福井佑介）ピノキオ・コーナーの評価をめぐる理念と現実の確執：1970年代の「差別図書」問題と図書館の社会的責任

シリーズ〈図書館・文化・社会〉4

図書館研究の回顧と展望

相関図書館学方法論研究会（福井佑介・吉田右子・川崎良孝）編著

● A5 判ハードカバー・304 頁
● 3,200 円＋税
● 2020 年 10 月発行

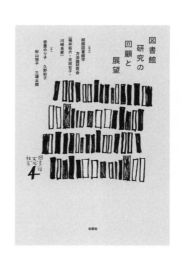

日本及びアメリカにおいて積み重ねられてきた図書館研究／図書館史研究を丁寧にたどり、今後の研究の展望を探る。シリーズ〈図書館・文化・社会〉第 4 巻。

【収録論考】
（福井佑介）日本公共図書館史研究の視座と展開：1930 年代から 2010 年代までの研究史／（三浦太郎）日本の図書館史研究におけるオーラルヒストリー／（杉山悦子）図書館教育研究の系譜：1910 年前後の学校図書館論／（安里のり子）移民を対象とした図書館サービスの課題と研究方法：ハワイ日系人社会の読書環境を例にして／（久野和子）「場としての図書館」研究史序説：「第三の場」に焦点を当てて／（川崎良孝）図書館史研究を考える：アメリカ公立図書館史研究を梃子にして

シリーズ〈図書館・文化・社会〉5

図書館の社会的機能と役割

相関図書館学方法論研究会（川崎良孝）　編著

● A5 判ハードカバー・218 頁
● 2,600 円＋税
● 2021 年 7 月発行
※本書は全在庫を出荷いたしました。オンデマンド版及び電子書籍版を刊行予定です。

それぞれの社会的・時代的背景
のもとで、図書館はどのような
役割を求められ、どのような機
能を果たしてきたのか。
シリーズ〈図書館・文化・社会〉
第 5 巻。

【収録論考】
（川崎良孝）ジョンソン報告（1916 年）からラーネッド報告（1924）へ：カーネギー
財団の変容と方向の設定／（福井佑介）1950 年代の文部省の「図書選定制度」を
めぐる展開と日本図書館協会／（三浦太郎）有山崧の図書館思想：図書館の機能・制
度を中心に／（久野和子）「社会的インフラ」としての図書館：アーレントの「公的
領域」論に基づいた考察／（杉山悦子）教育装置としての図書館：田中敬の排斥に
みる近代日本図書館の思想

シリーズ〈図書館・文化・社会〉6

公立図書館の思想・実践・歴史

相関図書館学方法論研究会（三浦太郎・川崎良孝）　編著

● A5 判ハードカバー・266 頁
● 3,000 円＋税
● 2022 年 4 月発行
※本書は全在庫を出荷いたしました。オンデマンド版及び電子書籍版を刊行予定です。

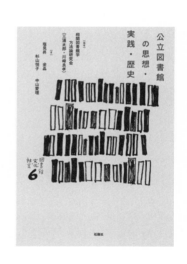

公立図書館の今日の姿、またその提供するサービスの背後には、どのような実践の蓄積が、どのような歴史的経緯が、そしてどのような思想があったのか。国内外の事例を検討する。シリーズ〈図書館・文化・社会〉第 6 巻。

【収録論考】
（塩見昇）1960 年代半ばから 70 年代初頭の大阪市立図書館：地域館整備に向けての歴史的な転換の背景をたどる／（川崎良孝）ヘイトスピーチと公立図書館：3 つの異なる見解とアメリカ図書館協会／（金晶）A Research of the "Window of Shanghai" Project of the Shanghai Library ／（三浦太郎）明治期から戦後占領期における日本の図書館員養成：講習・養成所・図書館学／（杉山悦子）図書館空間と交流：占領下沖縄の経験と琉米文化会館／（中山愛理）ウィスコンシン州の公立図書館における児童サービスとその空間